事例研究

アセット・ベースト・
ソリューション

Asset-Based Solution

動産価値を活用した企業金融の仕組み

ゴードン・ブラザーズ・ジャパン［編著］

一般社団法人 金融財政事情研究会

はじめに

　日本で本格的に動産の価値に着目したさまざまな企業金融の活用が議論され、その一つの代表的なローン商品としてABL（アセット・ベースト・レンディング）が制度化されたのが約10年前。弊社ゴードン・ブラザーズ・ジャパン（GBJ）も同時期（2006年）に設立され、今日に至るまで動産ビジネスのオンリーワン企業として、さまざまな動産の評価、換価、動産担保融資といった業務を行ってきた。動産価値に基づき「金融」と「事業」をつなぐ橋渡し役としてその利用拡大に尽力している。

　本書では、さまざまな動産価値に着目することで、どのように「事業」に「金融」を活用していくことができるのか、過去に弊社が取り組んだ事例を通じて、その論点と具体的な取組みを紹介することを目的としている。

図表1　アセット・ベースト・ソリューション

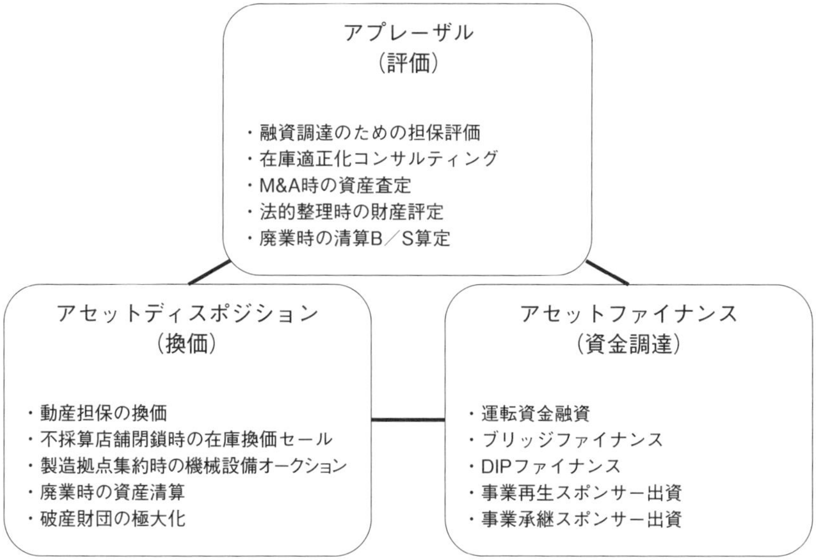

アプレーザル（評価）
- 融資調達のための担保評価
- 在庫適正化コンサルティング
- M&A時の資産査定
- 法的整理時の財産評定
- 廃業時の清算B／S算定

アセットディスポジション（換価）
- 動産担保の換価
- 不採算店舗閉鎖時の在庫換価セール
- 製造拠点集約時の機械設備オークション
- 廃業時の資産清算
- 破産財団の極大化

アセットファイナンス（資金調達）
- 運転資金融資
- ブリッジファイナンス
- DIPファイナンス
- 事業再生スポンサー出資
- 事業承継スポンサー出資

図表2 「借入人のさまざまな状況に応じた」ソリューション事例

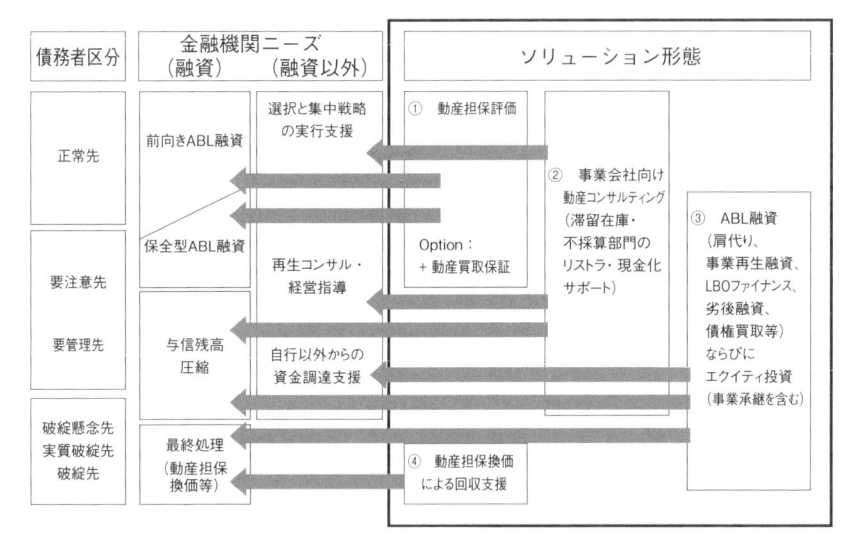

債務者区分	金融機関ニーズ（融資）	（融資以外）	ソリューション形態
正常先	前向きABL融資	選択と集中戦略の実行支援	① 動産担保評価
要注意先	保全型ABL融資	再生コンサル・経営指導	② 事業会社向け動産コンサルティング（滞留在庫・不採算部門のリストラ・現金化サポート） Option：＋動産買取保証
要管理先	与信残高圧縮	自行以外からの資金調達支援	③ ABL融資（肩代り、事業再生融資、LBOファイナンス、劣後融資、債権買取等）ならびにエクイティ投資（事業承継を含む）
破綻懸念先 実質破綻先 破綻先	最終処理（動産担保換価等）		④ 動産担保換価による回収支援

　具体的な構成としては、まず第1章で、弊社が実際に取り組んだ実例のなかから「借入人のさまざまな状況に応じた」ソリューション事例として、業歴が浅い会社や債務超過や私的整理手続の状況にある会社へのファイナンス案件7事例を紹介している。

　次に、第2章で「さまざまなストラクチャリングを用いた」ソリューション事例として、シンジケーション、優先劣後、在庫買取等のケース8事例を紹介している。

　第3章と第4章で、実際にファイナンスを実行した後に、ポイントとなるモニタリングと与信回収の事例を取り上げ、その重要性を解説している。

　第5章では、「アセット・ベースト・ソリューション」の基本的事項について解説している。本書は、メインテーマである事例研究から始める構成としているが、この分野に馴染みのない読者は、まず第5章から読み始めてもよいと思われる。

　なお、それぞれの章のなかで「動産価値を活用した企業金融」に関する最

図表3 「さまざまなストラクチャリングを用いた」ソリューション事例

事業会社

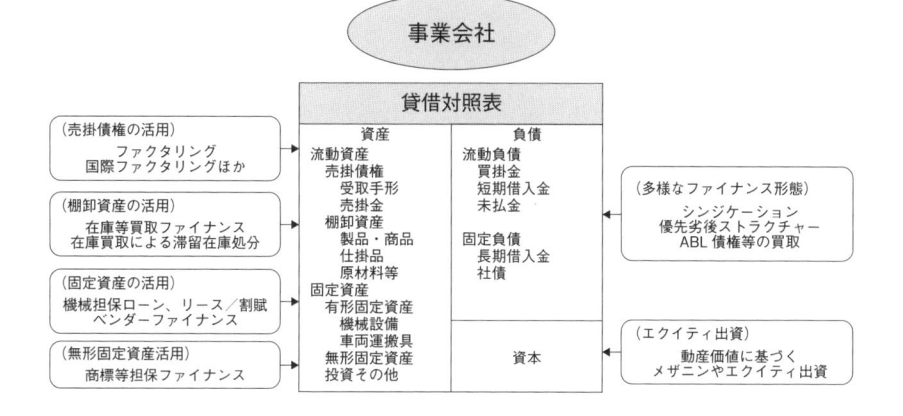

貸借対照表

資産	負債
流動資産 　売掛債権 　　受取手形 　　売掛金 　棚卸資産 　　製品・商品 　　仕掛品 　　原材料等 固定資産 　有形固定資産 　　機械設備 　　車両運搬具 　無形固定資産 　投資その他	流動負債 　買掛金 　短期借入金 　未払金 固定負債 　長期借入金 　社債
	資本

(売掛債権の活用)
　ファクタリング
　国際ファクタリングほか

(棚卸資産の活用)
　在庫等買取ファイナンス
　在庫買取による滞留在庫処分

(固定資産の活用)
　機械担保ローン、リース／割賦
　ベンダーファイナンス

(無形固定資産活用)
　商標等担保ファイナンス

(多様なファイナンス形態)
　シンジケーション
　優先劣後ストラクチャー
　ABL債権等の買取

(エクイティ出資)
　動産価値に基づく
　メザニンやエクイティ出資

新の動向をトピックスとして紹介している。

　本書は弊社のメンバーが日米の「動産価値を活用した企業金融」の現場で培った経験とノウハウをベースに作成したもので、なるべく、読者にも現場の臨場感が伝わるように心がけた。

　なお、守秘義務の観点から個々の事例については内容を一部修正している点はご容赦願いたい。

　本書を読まれた一人でも多くの方が、「動産価値を活用した企業金融」に関して新しい発見をしていただき、興味を抱くようになっていただければ幸甚である。

2015年10月

　　　　　　　　　ゴードン・ブラザーズ・ジャパン執筆者一同

【執筆者一覧】

　田中　健二

＊今井　久士
　岸本真一郎
　姜山　佑樹
　後藤　寛範
　作田　英夫
　芝野　潔
　商　偉剛
　帥　瑛琦
　田尾　逸人
　武田　憲吾
　Tamat Ari
＊野田　慧
　原田　宜和
＊藤川　快之
　堀井　潤
＊堀内　秀晃
　馬嶋　道昌
　松木　大（現　株式会社日本政策投資銀行勤務）
　森　恭彦

　中澤　有記（広報・校正担当）

（＊編集者）

目　次

第1章　借入人のさまざまな状況に応じたソリューション事例

事例 1　借入人が業歴の浅いケース（中古ブランド品小売業）……………… 2
事例 2　借入人の業績が悪化しているケース（アパレル卸売業）………… 14
事例 3　借入人が債務超過のケース（自動車用品卸売業）………………… 20
事例 4　借入人が私的整理中であるケース(1)（水産加工業）……………… 27
事例 5　借入人が私的整理中であるケース(2)（部品製造業）……………… 40
事例 6　借入人が私的整理から民事再生手続に移行したケース
　　　　（特殊部品製造業）………………………………………………… 47
事例 7　借入人に民事再生手続が開始されているケース
　　　　（大型機械部品加工業）…………………………………………… 55

第2章　さまざまなストラクチャリングを用いたソリューション事例

事例 8　シンジケーションを用いるケース（ホームセンター）…………… 66
事例 9　民事再生手続における事業譲渡先に対する優先劣後型EXIT
　　　　ファイナンスのケース（雑貨製造業）………………………… 72
事例10　優先劣後型ABLを用いるケース（中古車販売業）……………… 78
事例11　他の金融機関が保有する債権を購入するケース（雑貨製造業）…… 86
事例12　LBOに用いられるケース(1)（バス運行業）……………………… 91
事例13　LBOに用いられるケース(2)（アメリカの百貨店業）…………… 98
事例14　在庫を買い取るケース(1)（アパレル卸売・小売業）……………115
事例15　在庫を買い取るケース(2)（靴卸売・小売業）……………………124

第3章 アセット・ベースト・ソリューションにおけるモニタリング

事例16 モニタリングにより早期に債務者の危機を察知し、回収に
つながったケース（アパレル卸売・小売業）……………………132

事例17 借入人の入金を担保口座に集約しキャッシュ・スイープを
セットするケース（アパレル卸売・小売業）……………………141

第4章 アセット・ベースト・ソリューションにおける動産換価と融資回収

事例18 借入人が破産し動産担保の換価によって融資を回収するケース ……152

第5章 アセット・ベースト・ソリューションの概論

1 動産価値を活用した企業金融とは ……………………………………168
2 動産の評価手法について ………………………………………………173

おわりに ……………………………………………………………………………186
参考文献 ……………………………………………………………………………190
事項索引 ……………………………………………………………………………191

▶トピックス◀
1 日本におけるABLの一般的融資条件 ………………………………………11
2 動産の価値を活用した事業承継・廃業支援 …………………………………35
3 わが国における機械設備評価需要の拡大とASAの役割 …………………61
4 担保としての車両 ……………………………………………………………96
5 ブランド価値の活用 …………………………………………………………108
6 倉庫会社の留置権 ……………………………………………………………160
7 動産担保による融資回収 ……………………………………………………162
8 小売業の換価手法として閉店セールが選択される理由 …………………184

第1章

借入人のさまざまな状況に応じたソリューション事例

事例 1
借入人が業歴の浅いケース
（中古ブランド品小売業）

1 ポイント

　本件は、中古ブランド品の小売業を営むA社と、A社の関連会社B社が、関連会社間での貸借を軽減するため、資金調達先を模索するも、A社は業歴も浅く、金融機関からの新規調達が困難であったことから、A社が保有する中古ブランド品在庫を担保にしたABLを用いた案件である。

　A社の資金繰りには問題なく、かつ、本件担保対象となったA社が保有する高級ブランド品の在庫は、市場価格が存在し換価性の高い在庫であることから、担保価値としての信頼性も高いものであった。半面、投げ売りのリスクもあるため、担保価値の変動に留意する必要があった。

　動産専門会社G社は、A社が保有するブランド品在庫に価値を見出し、A社の資金繰りと担保価値に依拠することで、借入人（A社）の業歴に左右されることなくABLによる資金提供を実現した。

2 事　案

【A社の概要】

項目	概要
業種	中古ブランド品小売業（質業）
売上高	2,000百万円
営業利益	5百万円

有利子負債	1,000百万円（うち、B社からの借入金400百万円）
取引金融機関	メインバンク不在、取引金融機関4行
従業員	50名

【関連会社B社の概要】

項目	概要
業種	小売業
売上高	10,000百万円
営業利益	50百万円
有利子負債	2,500百万円
取引金融機関	メインバンクX銀行（メガバンク）ほか、8金融機関
従業員	500名

　A社は、好立地の場所に店舗を構えたことや、中古ブランド品業界の認知度の向上、外国人観光客の購買増加が起因し、年々業績は上昇傾向にあった。しかし、設立後3年未満という業歴の浅さや業界特有の質業態ということが要因で、金融機関からの資金調達には苦戦し、関連会社であるB社からの資金支援により、運転資金の調達を行っていた。

　一方、B社は、急速に出店を行ったことにより借入金もふくらみ、数多くの同業他社が市場に参入してきた影響から業績が悪化し、資金繰りが逼迫する状況下で、主要取引行X銀行へ追加融資の打診を行うこととなった。X銀行としては、追加融資を検討するも、B社宛融資がA社の運転資金へ資金流出する懸念を払拭することができず、B社に対しA社宛の貸付金を削減（回収）させるよう提言したのであった。

　A社は手元資金でB社からの借入返済を行う余裕もないため、A社に対する新規融資の支援先を模索するも、上記経緯のとおり、業歴や業態を理由に新規調達は困難な状況であった。そのようななか、X銀行からの紹介でB社経営陣はG社へA社に対する新規融資の相談を行うこととなった。

G社は、A社の在庫の特性をヒアリングしたうえで、A社に対してのABL（G社の提供するABLは、業歴、銀行格付等に依存することなく、担保対象となる動産の価値と資金繰りに着目した柔軟なファイナンス手法である）の提案を持ち掛け、本格的な検討に至ったのである。

3 実行したソリューション

(1) A社が保有する在庫一式を担保に、A社に対しABLを実行

本件におけるABLの担保物は、A社が保有する在庫（バッグ・時計・宝飾品等、評価時点の品数は約8,500点）であった。G社はA社へのABLを検討するにあたり、財務分析に加えてA社の内部管理体制（ABL実行後のモニタリングのため、レポーティング体制や担保物の管理状況の確認等）と在庫内容の調査を主に実施することとなった。

A社は小売企業であることから、売掛金は一般消費者への販売により発生するクレジットカード会社宛債権であり、譲渡禁止特約が付されていたことから、唯一の担保となる在庫の管理体制および在庫内容の調査が本件の融資検討にあたっての決め手となった。

G社は独自のノウハウを用いた在庫評価（在庫内容および在庫管理体制について評価し、担保価値を算出）を実施した。

(2) 在庫評価にあたり確認すべきポイント

一般的にA社が取り扱う高級ブランド品は、国内に流通市場があるため、比較的換価しやすい商材といえる。特にA社がメインで取り扱っている中古ブランド品は、新品と異なり、市場での流通価格をもとに仕入れが行われているため、長期間滞留している在庫がない限り、事業者間売買でも仕入値相当での換価価値を見込むことができた。

その一方で、在庫の譲渡担保については保管場所で登記していることか

図表1-1　本件相関図

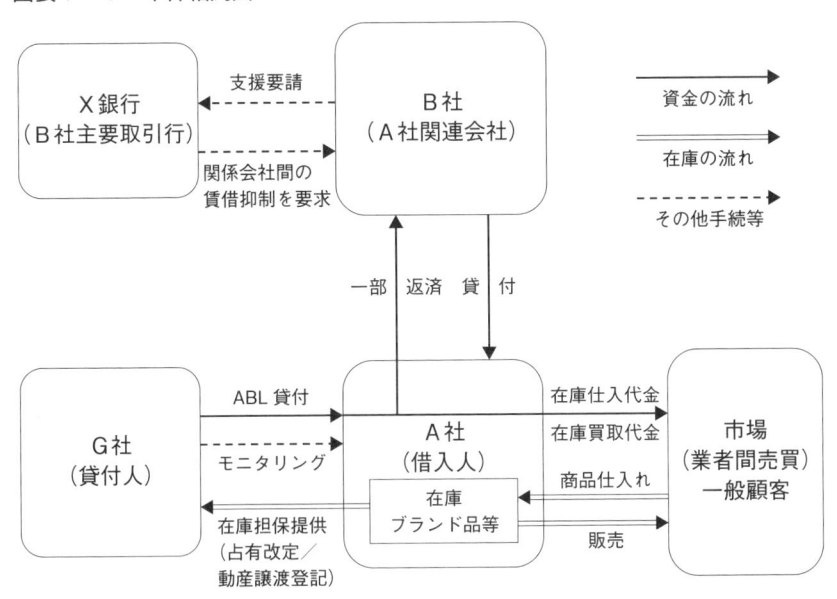

```
┌──────────┐   支援要請    ┌──────────┐
│  X銀行    │◄─────────────│   B社     │ ═══════► 資金の流れ
│(B社主要   │               │(A社関連   │ ───────► 在庫の流れ
│ 取引行)   │─────────────► │  会社)    │ ─ ─ ─ ─► その他手続等
└──────────┘ 関係会社間の   └──────────┘
              賃借抑制を要求       ▲
                                   │
                              一部返済 貸付
                                   ▼
┌──────────┐   ABL貸付     ┌──────────┐  在庫仕入代金  ┌──────────┐
│           │─────────────►│            │─────────────► │   市場    │
│  G社      │  モニタリング │   A社      │  在庫買取代金 │(業者間売買)│
│ (貸付人)  │◄─ ─ ─ ─ ─ ─ │ (借入人)   │◄───────────── │ 一般顧客  │
│           │◄═════════════│ ┌──────┐ │  商品仕入れ   │           │
│           │  在庫担保提供 │ │在庫  │ │═════════════► │           │
│           │  (占有改定/   │ │ブランド│ │   販売        │           │
│           │  動産譲渡登記)│ │品等  │ │               │           │
└──────────┘               │ └──────┘ │               └──────────┘
                           └──────────┘
```

ら、委託販売を目的とした在庫、修理中のため外部へ持出しとなった在庫、盗難品の疑いにより警察へ提出されている在庫は、担保権が及ばないため、担保評価の対象から除外（以下、当該在庫を不適格在庫という）する必要があった。

　そのため、不適格在庫に商品価値の高い在庫が多く含まれていた場合には、担保対象在庫金額に著しく影響することとなるため、担保適格性の見極めは十分に留意する必要があった。

　在庫評価を行う際には、実際の対象在庫の管理状況等を把握するために、G社は以下の項目に着目し、在庫保管場所にて実地調査を行ったうえで、図表1-2のとおりボロイング・ベースを算定した。

① **在庫管理方法**

　本件に限らず、ABL貸付人は必要に応じて（通常、月1回での提出を想定するが、これに限らない）在庫データを受領し、担保対象となる在庫のモニタ

リングを実施する必要がある。担保物の内容（品別構成・仕入年月別構成等）の変動、金額（簿価・販売単価等）の変動は担保対象在庫の評価に大きな影響を与えるため、在庫データの管理はABLにとって最も重要なポイントの一つとなる。そのため、ABL検討時に入荷から出荷までの流れの確認（データ上）や実地棚卸数値とデータ上との乖離率の確認、データ入力権限者の確認および処理方法に至るまで入念に確認する必要がある。

② 管理状態

在庫データ上で、たとえ仕入れたばかりの人気商品であっても、商品に不具合が出るような管理状態であると換価価値が著しく低くなることがある。そのため、管理がずさんになりがちなバックヤード在庫を中心に、在庫の破損や汚れ、保管状況等を確認する必要がある。

③ 滞留在庫

1年以上変動がないなどの滞留在庫をデータ上で確認し、在庫評価に反映させるほか、実地調査時に目視にて長期保管が見受けられる（埃をかぶっているなど）在庫の有無について確認を行う。

④ 所有権留保在庫

本件において、A社は一般消費者からの現金買取りが中心であるため、買掛金の発生や所有権留保はないものの、大手商社等から仕入れた代金未決済の新品在庫があった場合には、所有権が契約上留保されている場合があり、有事の際に換価できないケースがある。そのため、担保対象となる在庫に所有権留保物が含まれるか否か確認する必要がある[1]。

⑤ ポイント制度

G社在庫評価における一つのケースとして、有事の際には店頭での在庫換価を想定している。その際、換価金額の最大化を図るためにも、一般顧客は保有するポイントを使用し購入することを想定する。そのため、有効ポイン

---

[1] 一般的には、借入人に当該事項の有無を確認することに加え、仕入れた在庫の所有権がいつの時点で借入人に移転するかについて、各仕入先との契約書上の記載を確認する。

ト残高を評価数値に反映させる必要がある。

　本件に限らず、ポイント制度を導入している小売企業は数多く存在しており、そのような小売企業へABLを検討する際には、対象企業が保有するポイント債務残高に留意し（対象企業のポイント残高が多い場合、現金での回収額が減少する）、ABL実行後においてもポイント債務残高の推移を確認していく必要がある（なお、本件では在庫の担保評価の時点でポイント残高による影響は織り込まれている）。

図表1－2　ボロイング・ベース算定までの流れ

```
┌─────────────────────────────────────────────────────────┐
│                         A社                              │
│           担保金額・融資金額確認書　●年●月末             │
│                                                          │
│  在庫データからの今月末残高                  450,000,000  │
│                                                          │
│  不適格在庫：                                            │
│    販売委託在庫              35,000,000                  │
│    外部持出                   7,000,000                  │
│    売約済み                   2,000,000                  │
│    オークション出品中         3,000,000                  │
│    その他                     3,000,000                  │
│                                                          │
│  総不適格在庫                                 50,000,000 │
│                                                          │
│  適格在庫                                    400,000,000 │
│    純換価率（NOLV率）[2]－①    50.0%                    │
│    掛目－②                     70.0%                    │
│    ①×②                        35.0%                    │
│                                                          │
│  担保金額                                    140,000,000 │
│                                     上限                 │
│  貸出可能額                   200,000,000    140,000,000 │
└─────────────────────────────────────────────────────────┘
```

（注）　金額・純換価率等は概数を用いている。

---

[2] Net Orderly Liquidation Value、第5章2「動産の評価手法について」（173ページ）参照。

[補足] ABL検討の際、在庫評価において確認すべきポイント

　在庫評価には、通常のデュー・デリジェンスに必要な財務諸表等の資料のほか、対象となる在庫の詳細情報（品名・数量・簿価・販売価格・保管拠点・仕入年月等）、売上状況等、在庫に関するデータが必要となる。これは、担保となる対象在庫の内容を確認することと同時にデータ管理状況が良好であるかを見極めるためである。

　必要となるデータが良好に管理されていない場合、ABL実行後に、在庫モニタリングが機能せず、担保対象在庫の内容の変化に対し、素早い対応がとれない可能性が高い。そのデータ管理の状況やデータ管理者、利用者（データ入力者）との密なコミュニケーションはABLを検討するにあたり、重要なポイントとなる。

　また、対象となる在庫に対して担保権を設定可能か否かということを確認する必要がある。担保対象となる在庫と、在庫の特性上有事の際に換価が見込めない在庫や担保設定ができない在庫（所有権が借入人にない在庫や法的に担保設定ができない場所で保管している在庫等）を見極める必要がある。

(3) 財務制限条項（コベナンツ）

　G社は実地調査およびデュー・デリジェンスで得た情報をもとに、下記の財務制限条項を設定した。

① **A社およびB社の、最低現預金残高の維持**

　融資期間中での資金ショートを未然に感知すべく、拘束性預金を除く最低現預金残高を設けた。本件においては、B社の資金繰り破綻がA社に影響することが想定されたため、B社に対しても制限を設けた。

② **A社の、最低粗利率の維持**

　前述記載のとおり、対象在庫の換価性は非常に高く、借入人が通常営業の

範囲外で安価に在庫売却した場合、担保価値の毀損を招く可能性がある。低廉な価格での在庫処分を抑制するべく、最低粗利率を設定した。

4　実行後の状況

(1)　モニタリング

　本件においては、債務者であるA社はもちろんのことながら、親会社であるB社の財務状況の把握が必要となった。相互に資金融通を行い、資金繰りを補っていたため、双方の資金繰り状況を週次の頻度でモニタリングを行う必要があった。

　ボロイング・ベース管理のための担保評価額の洗替えの頻度は月次で行った。A社の在庫管理能力はB社の在庫管理方法を受け継いでいたため、きわめて優良であり、要求した当日の在庫状況のデータの提出が可能であった。そのため、資金繰り状況の変動を察知したタイミングで在庫状況の確認を行える環境は整っており、比較的モニタリング管理のしやすい企業であったといえる。

(2)　エグジット

　G社のABL実行後、A社＝B社間での資金融通は軽減され、B社はX銀行からの運転資金の調達が実現した。また、A社はG社からの資金調達により、商品展開を充実させることができ、業績が安定した結果、主要取引行からG社のABLスキームを継承するかたちでリファイナンスが決定し、G社の融資は全額返済された。

5　他案件への応用可能性

　本件事例におけるA社のように、業歴の浅い事業会社にとって財務諸表を

ベースにした伝統的な融資による資金調達はきわめてハードルが高いが、ABLでは担保価値次第では業歴が浅い借入人にも融資が可能となる。また、業歴の浅い事業会社に限らず、不動産などの固定資産をもたない事業会社にとっても、本件事例は当てはまるのではないかと考えられる。

　そのような事業会社が保有する在庫や売掛債権に活路を見出すことで、新たな資金調達の可能性が秘められおり、さまざまな業種、業態の事業会社への応用可能性があると考えられる。

トピックス1

日本におけるABLの一般的融資条件

以下で、ABLの融資条件の各項目について一般的なケースを例示する。

1　貸付人

貸付人は銀行を主体とする金融機関で、リース会社やその他のノンバンクも貸付人となりうる。ABL貸付人が唯一の金融債権者となるケースもあるが、多くの場合は不動産担保で融資を行っている銀行と共にABL貸付人がいたり、融資金額が不動産担保の価値でカバーできなくなったので、動産を担保にとったりといったケースもある。

日本では、担保物が異なる貸付人がいる場合に、こういった貸付人とABL貸付人の間で債権者間協定が締結されないケースが多い。このようなケースでは借入人が行き詰まった際に、債権者間で利益が合致せず、交渉が難航する可能性がある。アメリカでは債権者間協定をあらかじめ締結しておくことが多い。

2　与信形態

ABLの主たる資金使途が運転資金であることを勘案すると、ABLの残高はその資金需要に応じて増減することになるので、コミットメントラインを用いることが多くなるが、一定額をタームローンとして実行することもある。

3　融資金額

融資の金額は案件によって、100百万円以下の少額のものから5,000百万円を超える大型の案件もあり、多岐にわたる。

4　期　間

1年未満のつなぎ融資としてABLを用いるケースもあるが、3年程度の中長期の運転資金を調達する目的でABLを導入することもあり、借入

人の信用状況、担保価値、融資の目的、金利等のプライシング等を総合的に判断して決められる。

5　金利、アップフロント・フィー、コミットメント・フィー

固定金利建ての融資となることも多いが、TIBORまたはLIBORを指標金利として用い、変動金利建てとすることもある。アップフロント・フィーとは調印時に一括で徴求する手数料で、コミットメント・フィーとは未使用残高に対して課される手数料である。金利や手数料の水準は借入人の信用状態や担保の内容等によって、さまざまある。ただし、利息制限法の制限があるので、これを超過する金利（手数料等も利息とみなされる）を課することは禁止されている。

6　資金使途

ABLの資金使途は主に運転資金である。つまり、借入人が在庫を仕入れる資金を融資し、仕入れた在庫が販売され、売掛債権になり、売掛債権が期限に決済されると、その資金で返済されるべきものである。実務上は、在庫を仕入れるつど融資を実行して売掛債権が決済されるつど返済するということを厳密に行うことはほとんどなく、当座貸越などを用いて、融資残高が下記のボロイング・ベースの範囲内であれば返済を要しないことが多い。タームローンの場合は一定額を借りておくことになるし、約定弁済がついている場合は売掛債権の期限とは関係なく手元資金により返済されることになる。

7　担　保

ABLの貸付人は通常は、在庫と売掛債権に第1順位担保権を有する。実務上は動産譲渡登記と債権譲渡登記を用いて、第三者対抗要件を具備することが一般的である。民法上の対抗要件として、売掛債権については通知・承諾という方法があり、在庫については占有改定という方法がある。売掛債権を担保にとっていても、これが期限に決済され、現金になると担保権が及んでいるか判然としなくなるため、売掛債権の決済代り金が入金される口座（普通預金口座）に質権を設定することもある。

8　ボロイング・ベース

　ABLにおいては、借入人は常に融資枠全額を使用できるわけではなく、残高を担保価値以下に抑えることが義務づけられている。この担保価値をボロイング・ベースと呼び、一般的には（担保適格売掛債権×評価率×掛目）＋（担保適格在庫×純換価率×掛目）という算式を基本にして算出される。融資実行後、貸付人は一定頻度で、ボロイング・ベースを見直し、残高がボロイング・ベースを超過していないかをチェック、超過している場合は即時に超過分の返済を借入人に求める。この仕組みを維持することによって、借入人が行き詰まってもABLの残高は全額担保価値でカバーされていることになる。在庫や売掛債権を担保にとっても、これを添え担保としかみなしていない場合、ボロイング・ベースという概念が用いられていないケースもあるが、そういうファイナンスは正確にはABLとはいえない。

9　財務制限条項

　ABLの融資契約のなかには「誓約事項」という条項があり、そのなかに借入人が融資期間中、維持しなければならない財務制限条項が定義されている。主に借入人の貸借対照表、損益計算書、キャッシュフロー計算書の財務数値や財務比率を定めている。たとえば損益計算書ではEBITDA、経常利益、純利益の最低額、貸借対照表では自己資本の最低額、借入金の最高額、キャッシュフロー計算書では設備投資の最高額を定義しているケースが多い。財務比率では借入金／EBITDAの最高値、EBITDA／支払金利の最低値等が頻繁に用いられる。その他にはEBITDAとデットサービス、設備投資や支払税金も含めた現金流出額の比率を定めるケースもある。ABLの貸付人としては、一定期間のキャッシュフローで当該期間の現金出費をまかなえているか、どれぐらいの余裕があるかということは重要なモニタリングのポイントである。

事例 2
借入人の業績が悪化しているケース
（アパレル卸売業）

1 ポイント

　本件は、売上不振により財務状況が悪化し、かつ返済条件緩和中であったため、新規資金調達が困難な事業会社（アパレル卸売の上場企業A社）に対し、運転資金を提供する目的で、動産専門会社G社がABLで融資した案件である。A社の事業には季節性があり、在庫高とキャッシュフローが反比例することが特徴としてあげられる。担保という観点からは、本件の担保目的物とした在庫・売掛債権の価値と資金繰りの相互補完関係が明確であったため、本件はABLに非常に適した案件の一例といえる。

2 事　案

【A社の概要】

項目	概要
業種	アパレル卸売業
売上高	20,000百万円
営業利益	▲500百万円
有利子負債	8,000百万円
取引金融機関	メガバンク3行、信用金庫・地方銀行3行の計6金融機関 （※メインバンクのシェアは有利子負債の4割強）
従業員	180名

A社は、小売業への店頭販売を行うアパレル問屋として、自社が経営するセルフ式の卸売センターにて衣料品等の販売を行っていた（全売上げの約7割）。顧客は主に、街の商店街にある個人衣料品店や専門店であった。週末の販売で店舗内の在庫が少なくなった衣料品小売店が、週の前半にA社の卸センターにて買付けを行い、商品を並べ、週後半〜週末に販売を行うという流れになっていた。A社がバラエティに富んだ在庫を確保し少量から提供することで、小売店の抱える在庫リスクを削減させる役割を担っていた。また、地方百貨店、スーパー、3〜10店舗程度の小規模小売業者に対する直接卸売が売上げの約3割を占めていた。

　A社は、低価格帯の商品に強みをもち、ターゲットとする顧客セグメントはヤングレディース（10〜20代女性）およびミセス（40〜50代の女性）であった。婦人服が全体事業の約4割を占めており、次いで肌着、靴下、寝具、インテリア、紳士服、子ども服等がそれぞれ1割前後。主要仕入先は国内の商社であった。

　近年は、低価格展開するアパレル大手小売企業の拡大に加え、外資のファストファッション企業の日本への参入に押され、個人衣料店や地方アパレルの縮小および単価引下げによる売上不振が影響し、A社の売上げは6年間で約半減、2期連続で営業赤字を計上した。

　A社は事業再生に向けて、外部のコンサルタント会社の助言のもと、資金繰りの改善を含む再生計画を策定し、実行した。リストラなどの人員整理等を行った結果、営業黒字化を見込めることとなった。また、銀行団と協議した結果、A社は2012年夏に3カ月の元本返済猶予（リスケ）を一度受けることができた。

　しかし、業況が厳しいなかで、A社はリスケ期限の延長が必要となり、さらに、冬物の仕入資金が2012年10月に必要となった。一方で、既存行は現行の融資枠（1,000百万円）を延長する条件として、約300百万円の繰上返済を要求し、事実上、通常の融資では追加の資金調達が困難な状況となっていた。このタイミングで新たな資金注入が得られなければ、新規の仕入れが困

難となり、売上げの悪化、ひいては事業継続の危機の可能性があった。

3 実行したソリューション

A社の事業再生にかかわっているコンサルタント会社の紹介で、2012年6月にG社がABLの検討を始めた。検討の内容は以下のとおりである。

(1) 季節性について

A社は、毎年春夏と秋冬のシーズン前に、大量に在庫を仕入れ、現金が減少する。シーズン中にその販売が進むと在庫高が減少し、そのかわりに現金が積み上がる。なお、冬物在庫は単価が高いことから、特に冬季販売用商材仕入資金負担は大きくなる傾向にあった。

A社は、2012年春夏の売上げが低迷しており、次の秋冬シーズンの仕入資金が不足していた。

図表2-1　A社　現預金、商品、売掛金の推移

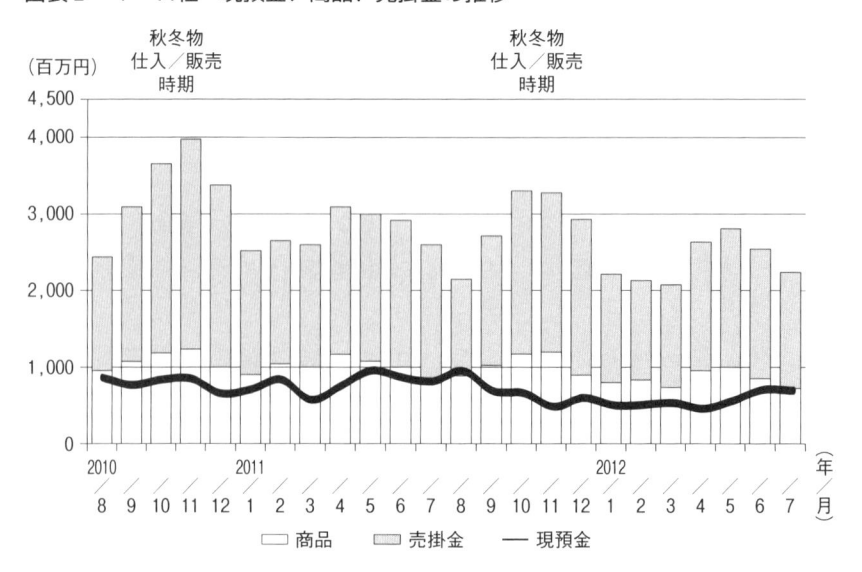

(2) 流動動産の状況

① 在　　庫

　A社の在庫推移をみると、10～11月の秋冬物仕入時期が1,200百万円前後と最も高くなり、秋冬物の販売が進み、春夏仕入時期前の1月が低い。4月頃の春夏仕入時期に再び在庫が増加し、その販売が進んだ7月が1年のなかで最も低い水準となる傾向である。

　G社は2012年7月末を基準にA社の在庫（簿価710百万円）に対し、鑑定評価を行った。G社は、それぞれの在庫品目について、その内容や構成、仕入時期、直近の売上実績と粗利率等を分析した。またG社はA社の倉庫や店舗へ実地調査し、経営陣に対してインタビューを行い、在庫・売上げ・財務データの収集を行った。A社の直近1年売上高は約15％下落したが、幸いにも在庫内容は悪化していなかった。在庫の約90％は3カ月以内に仕入れられたものであり、平均在庫回転期間も2.9週と短かった。また、G社が行った実地調査では、在庫の管理状況が良好であることが確認された。

　G社は、在庫の担保価値として、G社自身がすべての担保対象在庫を換価する場合の売上高（「総換価額」）および販売等にかかる経費を引いた金額「純換価額」を算出した。

　換価期間5週間で担保対象在庫の90％以上を既存顧客へ販売し、その残りを低価格でディスカウンター等へ販売することを想定し、G社による純換価額は約300百万円（対象簿価の42.2％）となった。

　担保価値の算出では、仕入先から未入荷のもの、第三者が保管している在庫等を担保対象在庫から不適格として除外し、担保適格の在庫を約690百万円とした。換価の結果残るのは、その42.2％（鑑定評価の純換価率）である約291百万円と推定した。ABLにおける標準的なLTV（掛目）70％を適用した結果、G社が融資可能と判断した金額は約200百万円となった。

② 売掛債権

　A社の売掛債権推移をみると、10～11月の秋冬物販売時期に約2,100百万

円を超えて最も高くなり、秋冬物の販売が進み、春夏販売時期前が低い。4〜5月の春夏販売時期に再び増加し、その回収が進むと残高が減少する傾向が確認された。

2012年7月末時点でA社がもつ売掛債権残高は、約1,500百万円であった。G社が不適格と判断したクレジットカード会社に対する債権（クレジットカード会社が譲渡を禁止しているため）、少額取引先等に対する債権等を除き、担保適格売掛債権は23社に対する約360百万円となった。G社は、それら23社の個社ごとの信用度を基準に売掛債権を評価し、融資可能金額を約240百万円と算定した。

(3) 融資の概要

G社は、在庫および売掛債権（G社算定による融資可能金額は合計約440百万円）を担保として、2012年9月に400百万円の融資を実行した。融資は、2012年秋冬の季節性運転資金需要に対応するものであり、2013年2月以降の冬物販売の売上回収により全額返済が可能であると見込まれた。

融資スキームは在庫と売掛債権を担保にしたストラクチャーであり、担保

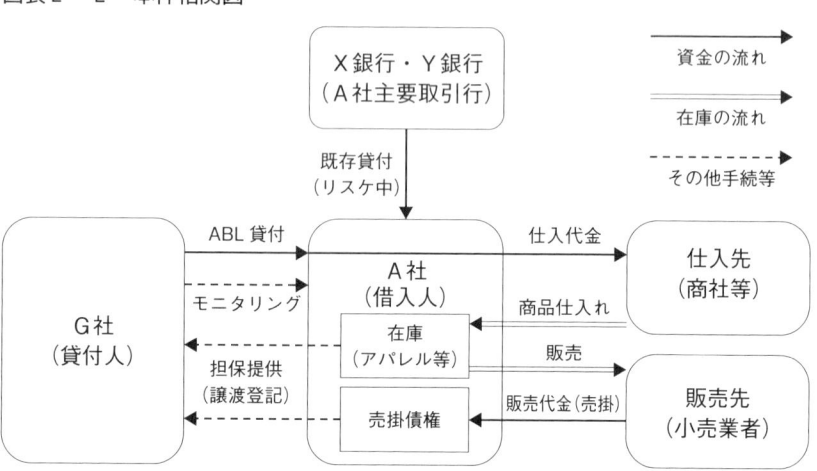

図表2-2　本件相関図

価値により融資金額がフルカバーされている保守的なものであった。また、資金使途は仕入資金であり、リスケ期間中の短期融資となるが、資金繰りを勘案すれば、返済される蓋然性が高いと判断された。万が一、A社が返済資金を確保できなかった場合、在庫の換価（リクイデーション）ならびに売掛債権の回収を通じて、融資を全額回収することを想定していた。

G社によるデュー・デリジェンスのプロセスにおいて、A社の経営陣は真摯に向き合い、情報提供等に関して非常に協力的であったことで、スムーズに融資を実行することができた。

4　実行後の状況

A社の在庫・財務管理の水準が非常に高く、本件ABL融資を有効活用できたことで、2012年秋冬物の仕入れがスムーズに進み事業は好転した。本件ABLは融資実行後5カ月程度で期限前に全額返済された。

5　他案件への応用可能性

本件ケースにおけるA社のように、季節的に仕入資金が必要な事業会社では、既存の融資枠で追加調達がむずかしくなった場合は、事業継続に必要な運転資金の調達が死活問題となる可能性がある。そのような事業会社が保有する在庫や売掛債権に担保価値を見出すことで、新たな資金の提供が可能となると思われ、さまざまな業種・業態の事業会社への応用可能性は非常に大きいと考えられる。

事例 3
借入人が債務超過のケース
（自動車用品卸売業）

1　ポイント

　本件は、本業は堅調ながら為替デリバティブ取引で多大な損失を出し、金融機関からの新規資金調達が困難となったA社に対する、在庫および売掛金を担保物とする期間6カ月の季節性運転資金対応ABLを実行した案件である。

　動産専門会社G社はA社の在庫仕入資金を使途とする650百万円のABLを大手金融機関X銀行との協調により実行。A社はABLを活用した資金調達により十分な在庫の確保に成功し、販売機会損失を回避。その結果、売上高は好調に推移し、ABLは融資実行から6カ月後に約定どおり完済された。また、安定した売上げを確保できたことを材料に、コンサルティング会社B社主導により、デリバティブの処理について既存金融機関と交渉を行い、ABL完済後3カ月で同処理を完了させた。元本返済猶予を受けていた借入金の返済についても年2回払いという約定で再開させ、銀行取引はよりいっそう安定することとなった。

2 事案

【A社の概要】

項目	概要
業種	自動車用品卸売業
売上高	10,000百万円
営業利益	500百万円
有利子負債	5,000百万円
取引金融機関	メガバンクを含む15行
従業員	100名

　A社グループ連結の売上高は直近期で10,000百万円程度であり、大手自動車用品量販店、その他数百社に及ぶ一般販売店を顧客とし、業績は順調に推移していたが、急激な円高により、大量のデリバティブ（通貨スワップ）契

図表3－1　A社売上げ／在庫推移と資金需要

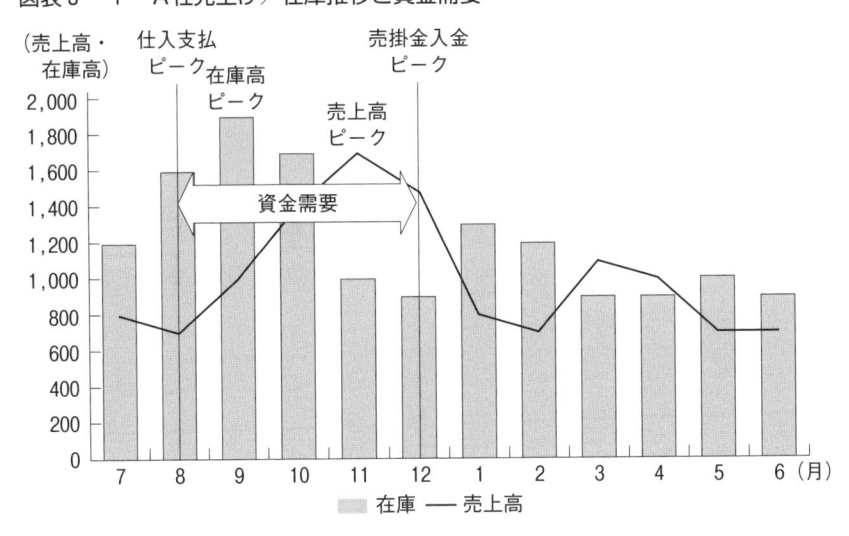

第1章　借入人のさまざまな状況に応じたソリューション事例　21

約に起因する損失が拡大し、資金繰りが悪化。既存金融機関から既存融資の元本返済猶予による支援を受けることとなった。

　冬季のカー用品市場はスタッドレスタイヤの販売数量が増加するため、例年、夏場から年末にかけて冬季販売用在庫の仕入資金需要が発生する。従前は主力取引行であるX銀行とY銀行が運転資金を融通していたが、当期は元本返済猶予中にあること、またデリバティブ処理を先行させる必要があること等の理由により、当該資金の提供を謝絶した。

　そのような状況において、B社がABLを活用した資金調達を検討し、G社に対し在庫評価の依頼がなされた。G社による在庫評価の結果、相応の評価額が算出されたものの、ABLにより資金提供を行う金融機関がなかったことから、B社がG社にABLの検討を依頼し、融資へとつながった。

3　検討されたソリューション

　G社は、A社の資金ニーズに対し、売掛債権・在庫担保融資による資金支援を検討し、実行した。

　ABL実行にあたり想定されたエグジット案は以下のとおりである。

① 　収益弁済

　A社の本業は安定していたため、売上高が増加する冬季の売上回収金を返済原資とする返済を受けることが可能であると判断した。

② 　リクイデーション

　A社のデフォルト時には担保権実行により回収を行う。G社は、A社の販路と独自のルートを活用して在庫を販売することで高い換価率を達成し、回収が可能であると判断した。

4　実行したソリューション

(1)　資金繰りの検証

　融資を実行するにあたり、G社はB社から売上げおよび仕入計画を入手し、これらをもとに以下の項目を確認することにより、融資期間中のA社の資金繰り計画の妥当性について検証を行った。

① 　損益予算実績
② 　売上計画
③ 　仕入計画
④ 　為替レート変動による影響
⑤ 　市場環境

［確認項目の検証結果］

①´　直近二期連結損益予算実績から予算の精度を確認し、損益計画数値は為替差損益前となる営業損益ベースまでは大きな乖離はみられず、売上高についても計画を超過していることから保守的に作成されていると考えられ、計画の妥当性は高いと判断した。

②´　売上計画は、各事業の前期売上計画達成率を分析し、今期計画の妥当性を検証した結果、計画と達成率に大きな乖離はみられず、計画は妥当な数値であると判断した。

③´　仕入計画は前期仕入計画と実績値を分析し、今期計画の妥当性を検証した結果、需要予測に基づく数値となっており、計画は妥当な数値であると判断した。

④´　為替レートが資金繰りに与える影響についても考察し、融資期間中に為替レート変動が資金繰りに与える影響は1円の変化で±約50百万円となることを把握し、また資金繰り計画においては保守的なレートが適用されていることを確認した。

⑤　市場の状況、A社の販売トレンド等を総合的に勘案し、A社の販売数量計画は妥当なものであると判断した。

　上記項目の検証を行った結果、資金繰り計画は、過去の実績、A社からのヒアリング内容および当時の自動車用品マーケット環境に鑑み、相応の妥当性を有すると判断した。

　また融資期間中の月末手元流動性は十分に維持される見込みであった。

(2)　動産担保評価

　G社は、外部金融機関からの依頼によるABL向け在庫担保価値評価と同様の評価ならびに換価シミュレーションを行い、想定される対象在庫の換価額と、必要な期間、経費、その他リスク要因の予測値の算定を行った。

　G社はA社から在庫の品番別明細、これに対応する品番別の売上実績およびこれらを販売するにあたり必要となった経費の明細等の資料を入手し、在庫の分析を行い、理論上達成可能と想定される換価額の算出を行った。またA社の事務所および倉庫を訪問し、在庫明細に記載される在庫の保管状態や倉庫の運用状況を確認することで、在庫分析結果を検証すると共に、実際に換価を行った場合に想定される実務上の費用や所要期間の算定を行った。

　上記分析の結果、以下の評価結果となった。

在庫簿価	1,200百万円
総換価額	1,020百万円（85%）
経費（対象資産を換価する際に必要となる経費）	320百万円
純換価額	700百万円（58%）

(3)　実　　行

　G社は、資金繰り検証と担保評価を経てA社の資金ニーズに対し650百万円の融資を実行した。

対象在庫簿価	1,200百万円
対象売掛債権	900百万円
G社融資額	650百万円

5 実行後の状況

(1) モニタリング

　G社がABL実行後、モニタリングを週次で行ったところ、A社の業績は売上高をはじめ、在庫の販売、売掛債権の回収も順調に推移していることが判明した。この結果、在庫の販売、売掛債権の回収により在庫や売掛債権が当初の予想対比減少し、現預金が積み上がっていくという現象が発生した。

　一方、ボロイング・ベースは在庫と売掛債権によって構成され、現預金はその定義に含まれていないことから、上記の傾向が継続すると、ボロイング・ベースが減少し、ABLの融資残高を下回る可能性が出てきた。つまり、販売、回収が順調に推移することで、ボロイング・ベースがABLの融資残高を下回り、約定違反が発生するという非常に興味深い状況となる可能性が出てきたのである。

　日本では、銀行にとって第三者の利益のために自行預金に質権設定を認めることは異例な取扱いとなることから、ABLで預金を担保にとることが一般的ではない。また、後述のキャッシュ・スイープ（第3章事例17参照）も用いられることが少なく、増加した預金でABLを自動的に返済することで、ABLの融資残高をボロイング・ベース以下に抑えるということも行われない。本件も同様で、預金は担保ではないので、借入人が自由に費消できることからボロイング・ベースには算入されていなかったし、キャッシュ・スイープもなく、増加した現預金をABLの返済に充当するという取決めにはしていなかった。

一方で、上記の傾向が続くと、それなりの現預金が借入人の手元に残ることになるので、この費消に制限を加えることで与信の保全を図ることにした。もちろん、本件において預金は担保ではなかったので、借入人が行き詰まった際に当該預金から優先的に返済を受けることはできなかったが、無駄な出費を抑制することで、返済原資の一部を確保しておくことがねらいであった。
　上記の状況に鑑み、具体的には以下のとおり、対応することとした。
・A社の場合、ボロイング・ベースが融資残高を下回る局面は10月以降に発生すると予想され、同時に現預金の残高が増加すると予想されたので、10月以降の最低手元流動性設定額を増額させることとした。
・ボロイング・ベースが融資残高を下回る月において、10月を除いて増額後の最低手元流動性設定額を充足するに十分なレベルの預金残高を維持できる見込みであることを確認した。10月は増額後の最低手元流動性設定額を充足できないと予想されたので、同月末日の入金額のモニタリングを厳格化することにした。

(2) 回　　収

　売上高は好調に推移し、ABLは約定どおり融資後6カ月で完済された。

6　他案件への応用可能性と留意事項

　本件のようなABLは、本業は堅調であるが、なんらかの理由で新規資金調達が困難な状況にあり、季節性の資金需要を有する事業会社に応用することが可能であると考えられる。業種では春夏、秋冬と季節ごとに新商品の投入が必要になるアパレル関連やウィンタースポーツ用品関連等が考えられる。また既存金融機関からの借入れが困難な事業会社は概して平時も資金繰りに窮していることが多く、為替レートや当該事業会社の属する業界動向等、資金繰りに影響を与える外的要因と季節的変動要素にも注意が必要である。

事例 4

借入人が私的整理中であるケース(1)
（水産加工業）

1 ポイント

本件は、動産専門会社G社が、私的整理中の水産加工業者A社に対し、同社の再生支援を検討していた事業再生ファンドであるBファンドの依頼を受け、Bファンドの支援および事業スポンサーが確定するまでの間、冷凍水産物を担保としたつなぎ資金を提供し、A社の短期的な資金繰りの安定化、ひいては早期事業再生に寄与した案件であった。

このように、私的整理中の企業に対する新規のつなぎ融資を「プレDIPファイナンス[3]」という。

2 事案

【A社の概要】

項目	概要
業種	水産加工業
売上高	2,500百万円
営業利益	▲50百万円
有利子負債	3,500百万円
債権者	X銀行（地銀）を主力とした複数行
従業員	130名

---

[3] 借入人が経営危機に陥った際に、私的整理のなかで新規に行われる融資。

A社は東北地方の水産加工会社である。地元地域において、ある冷凍水産物のブランドを築き、当該冷凍水産物について一定規模の生産シェアを占める主要な水産加工業者の1社であった。同地域においては、水産加工業は重要な産業であったことから、自治体も一体となって当該冷凍水産物のブランド力のさらなる向上に力を入れていた。

　A社は、過去のM&Aの失敗や収益力に比して過大な債務により窮境に陥っていたため、同地域経済への影響を懸念した取引金融機関より元本の支払猶予等による支援を受けていた。しかし、事業再建のためには第三者からの金融支援が不可欠な状況となり、2011年2月にX銀行と協議のうえでBファンドに対して支援を打診した。その直後、東日本大震災が発生し、加工工場の一部が津波により被災したことから、A社は工場運営の中断を余儀なくされた。この結果、2011年4〜6月にかけて売上げが大幅に減少したことからA社の資金繰りは逼迫し、A社の存続のためには抜本的な手立て（Bファンド主導による事業統合、大幅な債権カット、事業スポンサーの招聘）を講じ、早急に対処しなければならない状況に陥ることとなった。

　Bファンドは、X銀行より打診を受けてA社のデュー・デリジェンスを開始した。A社が優れた加工技術により地元食材を商品化している点に着目し、A社の事業に価値があると判断したBファンドは、事業統合による生産体制の効率化に加え、取引金融機関からの債権放棄等の金融支援と地元事業スポンサー招聘による協力が得られれば、A社の事業再生の可能性は高いと判断し、支援を前向きに検討していた。

　そのような状況のなかで、A社は漁期の到来を目前に、仕入資金を確保しなければならなかった。投資の決定および事業スポンサーの招聘にはさらなる時間を要したため、それまでのつなぎ資金の調達によりこの危機を乗り越えたいと考えたBファンドは、プレDIPファイナンスの検討をG社に依頼した。

3 ソリューション

(1) 検討されたソリューション

① 私的整理におけるプレDIPファイナンス

　法的整理では法律で定められた一定数の債権者や一定額以上の債権を有する債権者の同意のもと、仮に一部の債権者からの反対があったとしても再生計画を進めていくことが可能となる。一方で、私的整理の場合は、基本的に整理の対象となるすべての債権者の同意がその成立要件となるため、債務整理案に全対象債権者からの同意が得られず、私的整理から法的整理へ移行する案件も多い。その場合、基本的には、私的整理手続の開始から終了に至るまでのつなぎ融資についても、その回収について法律上特別な優先権を与えられることはなく、その他の債権と同様に取り扱われる。したがって、私的整理の成立が確実でない案件におけるプレDIPファイナンスは、担保による保全が十分でない場合、貸し手にとって相当のリスクを伴うことになりかねない。

　本件においてG社は、X銀行がすでにA社の再生計画に関しておおむね同意していたこと、スポンサー候補である事業者が出資の意向を表明していたこと、またA社がBファンドの定める投資の決定基準をほぼ満たしていたことという一連の事実に鑑み、私的整理が成立する可能性が高いと判断し、プレDIPファイナンスの実行に踏み切った。

　なお、法的整理移行時のリスクに対しては、A社が保有する売掛債権および冷凍庫内に保管されていた冷凍水産物に担保権の設定を受け、融資額を担保価値の範囲内としたABLスキームを採用することで、担保による十分な債権保全を図ることとした。

　無論、Bファンドによる投資の決定後、私的整理が成立しないことにより、A社が事業停止となるリスクは依然として存在した。このリスクに関し

ては、A社の経営陣が日次で管理している資金繰りをG社がBファンドと共同で隔週にて把握することで、突発的な資金繰り破綻に直面する可能性を減少させた。

② **在庫における担保取得上のポイント**

冷凍水産加工物を担保とする際のリスクとして、以下のリスクが考えられる。

a 保冷状態が維持できない場合の物理的劣化（腐敗）
b 産地、仕入時期等のトレーサビリティの管理水準
c 担保対象在庫の毀損・消失
d A社が作成したデータの妥当性・信頼性
e G社が想定する換価シナリオの実現可能性

以下に各リスクの見積りおよび軽減措置の方法について記載する。

a 保冷状態が維持できない場合の物理的劣化（腐敗）

冷凍水産物は適正な温度での保冷状態が維持可能であれば、ある程度長期の保管であっても、相場に即した価格での換価が可能となるという特性をもつ。したがって、物理的劣化の可能性を考慮するにあたり、A社の保管する倉庫の冷却設備の確認や、災害時の保管状態の検証を実施することにより、G社は当該リスクの見積りを行った。結果として、当保管倉庫に設置されていた電子センサーが計測した5年間の保冷記録に基づき、平常時には倉庫内の温度がマイナス25度〜マイナス30度の間で維持されていること、そして震災時に1週間停電となった際にも、マイナス23度を維持していたことが明らかとなった。停電時にも低温が維持されていたのは、保管されていた冷凍水産物自体が冷却設備の役割を果たし、倉庫内の昇温速度が緩慢になったためである。検証に基づき、G社は、腐敗による物理的劣化リスクは小さいと判断した。

b 産地、仕入時期等のトレーサビリティの管理水準

BSE（牛海綿状脳症）の発生を機に、食品のトレーサビリティは食の安

全のために当然に確保されなければならないものとして、消費者の間でも共通認識となっている。トレーサビリティの実施が徹底されていない魚介類については、取り扱いすらしないという大手小売業者も多く、本情報の有無によっては換価額が大きく変動するリスクが生じる。Ｇ社は当該リスクの見積りのため、実地調査において在庫が梱包されている木枠箱やダンボールに、「産地、数量、魚体の大きさ、仕入時期」が明記されていることを確認し、トレーサビリティの実施状況に問題がないと判断した。また、実地調査時に出荷オペレーションを確認することで、先入先出し法に基づき出荷していることから長期滞留在庫が発生しにくい状態であることも同時に確認した。

なお、当時は、東北地方特有のリスクとして、放射能被害による価格低下リスクはきわめて見通しにくいものであった。本件については、Ａ社の取扱水産物が回遊魚であり、水産庁が週１回程度主要水揚港で関係都道県や関係漁業者団体と連携して実施している調査において基準値を超える放射性セシウムが検出されたことがないこと、また相場価格が当時の風評被害による価格低下を反映したものであったことから、さらなる風評により今後急激に価格が低下する可能性は低いとＧ社は判断した。

ｃ　担保対象在庫の毀損・消失

冷凍水産物に限らず、在庫保管上の事故によって、担保対象在庫が毀損・消失することは十分に考えられる。たとえば、単純にフォークリフトによる作業等での過失による物理的な在庫毀損等は、倉庫の管理体制がいかに整備されていたとしても発生しうる。本案件においてＧ社は、Ａ社が加入していた動産総合保険について、地震以外の保管事故については損害保険事故としてカバーされることを確認し、当該保険に対し質権を設定することでリスクの軽減を図った。

ｄ　Ａ社が作成したデータの妥当性・信頼性

Ａ社から提出されたデータに虚偽の情報が含まれていた場合、その他のリスクをいかに軽減したとしても、虚偽のデータに基づいて算出された担

保評価額では、貸付人の債権が保全されているとはいえない。本リスクについては、担保物が冷凍水産物に限らず発生しうるものである。したがって、A社が作成したデータの妥当性・信頼性については、貸付人が融資の実行前に必ず確認をしなくてはならない。本案件においては、A社が実地棚卸を月1回実施しており、実地棚卸で確認された在庫と帳簿在庫の乖離率は、過去1年間で最大0.05％（盗難ロスも含む）と軽微であったこと、また本検証を行った直近にBファンドおよび監査法人立会のもと棚卸を実施したということもあり、G社は、A社が作成したデータの妥当性・信頼性に問題はないと判断した。

e　G社が想定する換価シナリオの実現可能性

　G社は、大手水産会社にヒアリングを行い、実現可能性の高い換価シナリオを作成した。第5章2「動産の評価手法について（173ページ）」に後述のとおり、換価シナリオとは動産評価における核ともいえる部分であり、どのように処分するかによって換価額が変化するということは、たとえば不動産においても"任意売却"と"競売"という換価手法の違いで換価額に差異が生じるということと似ている。不動産と動産（在庫）の大きな違いは、換価の手法が多岐にわたるという点にある。たとえば本案件において、百貨店等にスペースを借りて最終消費者向けに直売店を開くという換価シナリオを想定した場合、これは妥当であろうか。可能・不可能という点で考えれば不可能ではないかもしれない。しかしながら、百貨店等に交渉してスペースを借り、販売員を手配して売上増加を企図して宣伝広告を打ち、箱詰めされている冷凍水産物を小分けにして消費者に売るという手間を考えた場合、現実的ではなかった。

　本案件においては、短期間で大量の冷凍水産物を換価する必要があったため、G社は大手水産会社のサポートが得られることを事前に確認したうえで、同社に販売を委託するという換価シナリオを策定し、本シナリオに基づいた換価額を算出した。同社より、本案件において換価の対象となる冷凍水産物は、同社にとって販売が非常に容易な部類に該当するとのコメ

ントが得られたことから、策定した換価シナリオの実現可能性は高いと判断した。また、換価額は基本的に相場に基づくとのことであったため、G社は直近5カ月間の市場平均価格（kg単価）をベースに、相場の変動リスクや換価の際に発生すると見込まれる処分コストを見積もることで担保評価額を算出した。

(2) 実行したソリューション

G社は前述したリスクおよびスポンサー候補の信用力を考慮した後、A社の保有する売掛債権および在庫を担保として融資を提供した。

4 実行後の状況

(1) モニタリング

実行後のモニタリングにおいては、売掛債権および在庫変動のチェックや資金繰りの確認に加え、Bファンドの投資の決定までのスケジュールの達成度についてヒアリングを行った。

(2) エグジット

G社は、2011年8月にA社に対するプレDIPファイナンスを実行し、A社は漁期に備えた仕入運転資金の確保に成功。2011年12月にはBファンドが正式に投資を決定し、Bファンドと金融機関から資金支援を受けたA社は、当該資金を返済原資としてプレDIPファイナンス全額をG社に返済した。

5 他案件への応用可能性

本件事例では、私的整理中の事業会社が、債権者の同意取得までに事業継続上必要な運転資金を、売掛債権および冷凍水産物を担保として融資を行っ

た案件である。

　事業再生プロセスを開始した企業は、計画が承認（法的整理であれば裁判所の認可、私的整理であれば整理の対象となる債権を有する債権者全員の同意の取得）されるまでの期間において、運転資金のみならず、リストラ費用等の資金を要するケースが多い。一方で、私的整理の成立要件のハードルが高く、前述のとおりプレDIPファイナンスには法的整理移行リスクが伴うことから、金融機関はプレDIPファイナンスによる資金供給に対して消極的である（なお、私的整理の一種である事業再生ADRでは、プレDIPファイナンスへの優先弁済等が考慮されているものの、債権者全員の同意が必要という項目については変わらないため、依然として成立へのハードルはある）。

　法的整理に移行した場合においても、融資金額を担保評価額の範囲内とすることで一定の債権保全を図ることができるABLは、このような需給ギャップが存在するなかで貸付人によるリスクテイクを可能とする手法であり、事業再生局面において有効であるといえる。

トピックス2

動産の価値を活用した事業承継・廃業支援

　2014年12月に出された「主要行等向けの総合的な監督指針」ならびに「中小・地域金融機関向けの総合的な監督指針」のなかで、顧客企業のライフステージ等に応じて最適なソリューションを提案することがあげられている。「顧客企業が事業再生、業種転換、事業承継、廃業等の支援を必要とする状況にある場合や、支援にあたり債権者間の調整を必要とする場合には、当該支援の実効性を高める観点から、外部専門家・外部機関等の第三者的な視点や専門的な知見・機能を積極的に活用すること」と記載がある。

　この背景には、金融庁が中小企業金融円滑化法（2009年12月導入、2013年3月終了）に基づき返済猶予を受けてきた中小企業に対し、転廃業を促す方針に転換したことがある。同時に経営難の中小企業の転廃業を促すため、地域経済活性化支援機構（REVIC）による債権買取りや専門家派遣等の活用が始まった。特に「事業の持続可能性が見込まれない顧客企業（事業の存続がいたずらに長引くことで、却って、経営者の生活再建や当該顧客企業の取引先の事業等に悪影響が見込まれる先など）」に対しては、金融機関は、事業の継続に向けた経営者の意欲、経営者の生活再建、当該顧客企業の取引先等への影響等を総合的に勘案し、慎重かつ十分な検討を行ったうえで、顧客企業が自主廃業を選択する場合には、その円滑な処理等への協力など、顧客企業や関係者にとって真に望ましいソリューションを適切に実施するべきとされている。

1　事業承継／廃業支援におけるポイント

　事業を継続（承継）するか廃業（または転業）するかといった重要な意思決定においては、①事業評価や資産査定によって客観的な時価評価を実施・把握すること、②利害関係者（特に取引先や債権者、従業員等）

に配慮したスキームづくりと粘り強い説明で理解を得ること、③外部専門家を有効に活用して一気通貫で実行まで確実にサポートを受けること、がポイントとなる。

たとえば、事業承継案件で、ゴードン・ブラザーズ・ジャパン（以下、GBJ）が資産査定評価および実行支援のサポートをしたケースについて紹介すると、以下のとおり整理できる。

縮小する市場で事業継続が徐々に厳しくなってきた地方の宝飾品卸・小売企業Ａ社は、代表者兼株主（オーナー社長）の後継者不在により事業承継問題を抱えていた。Ｂ／Ｓの観点では、過去に銀行借入れによって調達した資金で購入した本社不動産は不動産価値の値下りで含み損を抱え、実質大幅債務超過状態であった。また、Ｐ／Ｌの観点では、市場環境には抗えず減収減益傾向にあり、損益はよくてトントン、度々赤字を計上するという状態であった。Ａ社の状況を総合的に勘案すると、Ａ社が現在負っている有利子負債を返済していける見込みは乏しいと判断された。

この状況下、Ａ社のオーナー社長は、早期に抜本的な解決策に着手しなければＡ社の事業が早晩行き詰まり、従業員の雇用にも影響を及ぼすと考えた。Ａ社オーナー社長には親族の後継者は不在であったことから、メインバンクに相談し、親族外事業承継または廃業も見据えた支援の相談をするに至った。

相談を受けたメインバンクは、事業承継候補のスポンサー選定目的と共に、廃業時の自行債権へのインパクトを算出する目的から、Ａ社のＢ／Ｓの時価評価をGBJに依頼した。

GBJは、まずＡ社の資産査定（清算価値の算定）、特に含み損を抱える不動産の価値算定と並行し、Ｂ／Ｓの大部分を占める宝飾品等の在庫の時価評価を行った。その後、算定された清算価値に基づき、Ａ社はメインバンクを含めた各金融債権者からの債権放棄等の内諾を取り付けるとともに、GOOD／BADの事業の切分けを行った。健全在庫および優良

店舗を切り出したGOOD社は、最終的には健全在庫の価値をもとにした企業価値[1]でスポンサーに譲渡することができ、不動産と滞留在庫、不採算店舗、金融債務を保有するBAD社（現Ａ社）を清算することで事業承継を実現した。資産査定から会社清算／譲渡までの一気通貫で全体サポートを行うことで約１年弱とスピーディな解決が可能になったことに加え、関係者（オーナー／債権者／取引先／従業員）の利害に最大限配慮したスキームに基づきプロセスを実行することで、最終的な事業価値を最大化することができた事例であった。

２ 転廃業を検討するうえでのポイント

後継者選びやＭ＆Ａ等による事業承継（継続）が不調に終わった場合には、会社は転廃業に向けてのプロセスを進めていくことになる。業種ごとに異なる留意点をふまえながらスキームを決定し、利害関係者への調整のなかで手続を行うこととなる。

(1) 私的整理か法的整理かの選択

私的整理は裁判所の関与を得ずに、私的な手続で資産を換価し、負債に対して一定額の弁済を行い、債権者の同意を得て残債務の免除を受ける手続である。手続は柔軟かつ迅速に行えるメリットがある一方で、資産処分の合理性や弁済における公平性の観点から疑義が生じる場合が多く、特に債権者が多い案件等、全債権者の同意がとりづらい場合には手続が止まってしまうことがある。対応策としては、中立的な外部評価会社等に評価を依頼することで清算価値の算定に客観性・合理性をもたせ、かつ最低買取保証等のスキームを活用することで回収金額を確定させ、返済計画を確実なものにすることも可能である。

一方、法的整理は、裁判所の関与のもとで資産処分や弁済が行われる

---

[1] 本件では、収益力（一般的にはEBITDA、営業利益、フリーCF等の指標が用いられる）で企業価値を算出した場合、企業価値はほぼゼロまたはマイナスとしか算出できないが、在庫の清算価値を適切に評価してリスクをとれるスポンサーにとっては、一定の企業価値が見出せる事例である。

ため、手続の適正さは制度的に担保される。特に、破産は裁判所が選任する第三者機関である破産管財人に資産処分や配当（弁済）の権限が集中され、破産前に行った不適切な行為（資産の低廉譲渡や偏頗弁済等）について否認される等、手続が厳格でメリットがある一方で、コスト（手続費用）や時間の観点では特別清算等の他の手続に比べて劣る面がある。他方、特別清算は、管財人は選任されず、原則として会社が株主総会で選任した清算人により手続が進められる。裁判所の関与はあるものの、破産に比べればコストを抑えることができ、清算結了までのスケジュールも立てやすいが、協定案の成立に一定数の債権者同意を必要とすることから、債権者が少数であり、協力が得られやすい案件で採用されるケースが多い。特別清算の場合、清算へ移行するには株主総会の特別決議を経る必要があり、決議がとれない場合は破産へ移行することになる点に留意が必要である。

(2) 業種別留意点

商慣習および許認可等の関係で業種ごとに留意点は異なる。

たとえば、小売業であれば、商品を閉店セール等によっていかに高い価格で処分できるか、店舗の撤退に際して賃貸借契約における違約金支払額をいかに極小化するか等が鍵になる。また、製造業であれば、不動産、建物、機械設備、製品在庫等と多くの資産が存在することからその処分に時間と手間がかかる。機械設備が処分できないと不動産の処分に着手できない等の問題もある。事業評価および資産査定の段階で外部専門家を有効に活用しながら、これらの利害関係者との債権債務をしっかり整理することがポイントとなる。

(3) 代表者等の個人保証の存在

借入人・貸付人の双方が、「借入人の事業は、独自経営を行う限りにおいては将来性・再生可能性が乏しく、むしろ早期に転廃業を選択することが望ましい」という同じ考えをもっているケースは少なくないと思われ、潜在的には非常に多いといっても過言ではないと思われる[2]。し

かしながら、代表者等が、借入人企業の負債に個人保証を提供しており、その個人保証の存在によって、意思決定が先延ばしにされていることが多々ある。各借入人や代表者に最適な意思決定を促すことで、利害関係者にとっての最適解を導くというミクロ的な視点と共に、各業界における新陳代謝を促進し、雇用を維持拡大しながら産業としての競争力を増強させるというマクロ的な視点においても、既存保証契約の適切な見直しや保証債務の整理に関する対応[3]等の重要性はいっそう増していくであろう。

　いずれにしても、中小企業金融円滑化法の期限到来後の出口として、さらに、地方創生の一つの重要なオプションとして転廃業の重要性が増していくことは間違いなく、できる限りスムーズで迅速な転廃業案件が成立していくことが大いに望まれる。

---

2) 借入人・貸付人が転廃業についての考えを互いに共有していることは少ないと思われる。特に、貸付人の方から廃業について借入人に打診することははばかられるという声はいまだ多く聞かれ、転廃業促進のための大きな課題と思われる。
3) 金融庁2014年12月の「主要行等向けの総合的な監督指針」「中小・地域金融機関向けの総合的な監督指針」のなかの「『経営者保証に関するガイドライン』の融資慣行としての浸透・定着等」の項目において、「既存保証契約の適切な見直し（事業承継時の対応を含む）」「保証債務の整理に関する対応（事業承継時の対応を含む）」等について言及されている。

事例 5
借入人が私的整理中であるケース⑵
（部品製造業）

1 ポイント

　本件は、私的整理中のA社に対し再生計画を策定するまでの運転資金、いわゆるプレDIPファイナンスを動産専門会社G社がメインバンク（地銀）と共に協力して500百万円の協調融資で実行した案件である。本件におけるポイントは、以下の3点である。
① 　A社のグループ会社間取引が複雑で、かつ債権者数が多数にわたることから私的整理案件のなかでも再生計画に対する全債権者の同意が得られないリスクが非常に高い不安定な案件であった点
② 　G社が客観的かつ中立的な視点から担保評価とその後のモニタリングエージェントを担うことで再生計画の中心となるメインバンクとの協力のもと、約10行との協調融資を組成することができた点
③ 　プレDIPファイナンス実行後も再生計画策定の遅れから、さらに6カ月の延長を行うなど最終的なスポンサー選定までに紆余曲折があったが、関係者の協力もあり、最終的にはスポンサーがつき、A社の本業の回復が達成できた点

2　事　案

【A社の概要】

項目	概要
業種	部品製造業
売上高	20,000百万円
営業利益	▲200百万円
有利子負債	25,000百万円
取引金融機関	地方銀行を中心に約20行
従業員	500名

　A社は、某業種向けの部品メーカー。戦前からの地場名門企業で、年商20,000百万円、従業員は500名であった。

　過去、大型設備投資を伴うプロジェクトを実行したが、折しも世界的な業界不況に伴い需要の減少と為替相場の変動による損失により同プロジェクトは失敗。A社は年商を上回る借入れ・子会社への出資・債務保証を負担することとなった。

　一方、A社の本業自体は黒字であり、不採算事業を清算（外部売却）できれば本体の再生可能性は高いと考え、債権者からの要請に基づき外部アドバイザリー会社や弁護士が中心となってデュー・デリジェンス実施後に再生計画案を策定することとなった。

　A社グループは急激な成長を目指し事業拡大を行ってきており、グループ内での複雑な取引を行う一方、グループ内の各会社に対して20行を超える金融機関から借入れを行うなどグループ全体の整理に大きな課題を抱えていた。

　特に赤字を抱え問題となっていた地方事業と失敗したプロジェクト子会社の早期売却または清算が急務であり、これを達成するまでの間、運転資金と

して500百万円程度の借入れが必要であるとG社に相談が寄せられた。

3 ソリューションの検討

(1) メインバンクのプレDIPファイナンスに対し担保評価のみ実施

まずはじめにG社が相談を受けて検討したことは、メインバンク等が追加担保として検討する動産担保の第三者評価の実施であった。こうしたケースでよく発生する依頼として、担保提供されていない動産について評価を行うことがある。しかしながら、当然のこととして、追加担保をとることだけでは不十分であり、その後のモニタリングや最悪の場合の換価シナリオをきちんと詰めた担保評価を行うことが非常に重要である。この点については債権者団に十分な理解があった。

(2) 単独でのプレDIPファイナンス実行の検討

メインバンクおよび本件を主導していた弁護士の意向として、G社に対して、評価やその後のモニタリングをしっかり行えるよう債権者として参加することが強く要請されていた。G社はA社の置かれた状況が私的整理のケースとしては非常に複雑かつ解決がむずかしいこと、債権放棄額が相応に大きくなること等、再生計画の実行まで相応の時間を要することが予想されたことから、より慎重な検討が必要であると考えた。特に、債権者間の利害調整、再生計画で想定している不採算事業の売却可能性の論点において、再生シナリオの実現可能性についての判断が必要となっていた。

(3) メインバンクとの協調融資プレDIPファイナンスの検討

本件において、過去の経緯および再生に至る経緯を勘案すると、メインバンクによる継続的な支援が必須であり、こうしたメインバンクの支援なしにA社の再生はありえないという判断のもと、本プレDIPファイナンスにおい

ても取引各行による協調融資が最も適切なファイナンスであるとの結論に至った。同時に、本件においては、資金繰りおよび担保状況（売掛金、不動産、在庫、子会社株式）について、適宜モニタリングを実施することで適切な時価を把握することが必須となっていた。

4 実行したソリューション

(1) 検討から実行へ

最終的なソリューション提案に際しては多くの論点が議論された。

特に大きな論点となったのは、①切離しを検討している地方事業および不採算子会社の売却が可能なのか、②多くの債権者間の利害調整がまとまるのか、③最終的に本業に対してスポンサーがつくのか、といった点であった。プレDIPファイナンスが将来的に返済（プレDIPファイナンスがリファイナンスや資産売却によって返済されることを示す）される可能性が不透明ながらも、担保取得していた売掛金、不動産、在庫、子会社株式等の価値で融資金額がカバーできれば、スポンサー選定までの不確実性があったとしても元本毀損リスクが極小化できるとの判断のもと、メインバンクを中心とした約10行における協調融資を検討することとなった。その際、第三者評価者としてのG社の適切かつ中立的な評価と、融資実行後のG社による適切なモニタリング体制の構築とその実施を行うことが必須の条件であった。本件を調整した弁護士および当該最大利害関係者であるメインバンクの意向をふまえて、最終的には、銀行団およびG社による協調融資スキームでのプレDIPファイナンスが実行されることとなった。

(2) 最終判断の論点

まず、不採算事業の閉鎖・売却が遅れることで、資金繰りが破綻するリスクは相応にありうると考えられた。加えて、資金繰りが続く間に既存債権者

による再生計画への合意が得られないおそれも当然にあった。

　そのような状況下、担保対象となりうる資産のなかで、在庫については管理状況に脆弱さが見受けられた。しかしながら、売掛先の格付が高く、回収が早期かつ滞りなく行われると考えられる売掛債権の価値で500百万円の融資金額はカバーされていると判断すると共に、不動産については100百万円程度の処分価値は見込まれると判断されたことから、本件融資は十分に保全されていると考えられた。

　これらの論点を考慮したうえで、民事再生手続または破産手続に移行しても担保価値により全額回収できるとの判断から、最終的に本件融資を実行するに至った[4]。

5　実行後の状況

(1) モニタリング

　G社はA社における最低手元流動性の財務制限条項を設け月次ベースでの資金繰り状況（コベナンツヒット時には日次ベース）および担保の状況のモニタリングを行い、急激な担保割れや詐害行為のリスクを見逃さないようにした。また、アドバイザリー会社と代理人弁護士とも密なコミュニケーションを図りつつ、隔週ベースで徹底した資金繰りのモニタリングを行った。

(2) 継続・追加融資

　前記のとおり2012年にメインバンクを含めて約10行と共にG社は総額500百万円（うちG社は100百万円融資）の協調融資を1年間の予定で実行したも

---

[4] 会社更生法適用となった場合には、担保権の実行は原則禁止され、更生債権ならびに更生担保権等の弁済は計画に基づくものとなるので、更生計画認可までは、原則担保権者としての権利行使はできず、弁済もされないことになる。本件では当該リスクが存在することは認識したうえで融資を実行している。

のの、子会社の資産売却やスポンサーの選定手続が全体的に計画より遅れていくことに加え、景気悪化に伴う営業収支の悪化、また事業撤退・清算手続の遅れにより利払負担が重くなったことから、当初計画対比、実績が想定以上に下振れする事態が発生した。

この結果、スポンサー支援が決定するまでの間、さらに運転資金の確保が必要となり、既存のプレDIPファイナンス（500百万円）の継続および増額の要請がなされることとなった。その結果、バックアップとして、700百万円の追加融資の検討要請があり、G社は子会社の在庫を担保に200百万円の追加融資を行う一方で、メインバンクと他数行は子会社から譲り受ける不動産を担保に500百万円の融資期限の延長（追加7カ月間）を行うこととなった。

(3) 最終エグジット

融資期限の延長に応諾した後、最終的には2013年に不採算事業の売却を実行すると共に、スポンサーからの出資が決定したことから本プレDIPファイナンスのエグジット（リファイナンス）を迎えることとなった。

紆余曲折があるなかで、G社は中立的かつ客観的な立場でモニタリングを行い、ブリッジファイナンスの出し手としてリスクをとりながら各利害関係者の調整に尽力し、A社の再生プロセスは完了することとなった。

6　本件からの示唆

本件のような再生プロセスにおける難度の高い案件においては、案件をしっかりとドライブする弁護士の存在とそれをサポートしていくメインバンクを中心とした債権者の積極的な関与、さらにはG社のような外部プロフェッショナルの存在が不可欠であるといえる。本件ではメインバンクを含む既存債権者が正面から取り組むことで、利害関係の整理・調整が成功したといえる。

時に1年を超える長期にわたる利害関係者との交渉においては資金繰りを

含めた資金面で問題が生じないよう、きちんとした協調融資によるプレDIP
ファイナンスの設定が、必要な時間を稼ぐという意味でも非常に重要になる
といえる。

事例 6
借入人が私的整理から民事再生手続に移行したケース
（特殊部品製造業）

1 ポイント

　本件は、メインバンクからの持込みにより、事業再生ファンドの枠組みによる私的整理を計画していたA社に対し、動産専門会社であるG社がプレDIPファイナンスを提供した案件で、以下の経緯のとおり珍しいケースであった。
① 主力の取引銀行にて新規与信をつけることができないところ、G社が、A社の資産を担保としたABLをつなぎ資金として提供し、事業再生に向けての橋渡しを支援した。
② 融資の期限延長が必要となった際には、資金繰り悪化が懸念されるなかで、一部の内入れにより与信を縮小させる等のリスク回避措置をとりつつも支援を継続した。
③ プレDIPファイナンス実行後に私的整理手続上でのスポンサー招聘がむずかしいと判断されたため、民事再生手続に移行し再生計画外での事業譲渡による再建が図られた。
④ A社は法的手続に移行したが、別除権協定に基づいて事業譲渡代金から無事早期全額回収に成功した。

2 事案

【A社の概要】

項目	概要
業種	特殊部品製造業
売上高	2,000百万円
営業利益	10百万円
有利子負債	3,000百万円
取引金融機関	メガバンクX銀行を含む5行
従業員	100名

　A社は、特殊部品の製造卸会社であり、近年では特定の電化製品向けの部品などの開発・製造を行っていた。

　国内では後発のマイナーな特殊部品メーカーではあるものの、主力商品となる特定電化製品向けにおいては業界のトップシェアを誇り、国内工場に加えてアジアに製造用現地法人、アジア地区と欧米に販売拠点を置いていた。

　A社の特殊部品製造における技術力により、大手が積極的に手がけない多品種小ロットで受注することでシェアを築く一方、コスト対応力が不十分で低採算であり、また当該特殊部品の単価下落のトレンドのなか、固定費が高まったことで、事業の赤字体質は続き、実質債務超過に転落していた。

　A社の財務状況を大きく悪化させた要因は、メーカーの新製品向けの特殊部品受注をねらって国内工場を新しく設立するため、シンジケートローンによる積極的な資金調達を行ったものの、メーカーの新製品自体の売行きが芳しくなく、当初見込んでいた受注が得られず大きく業績が低迷したことである。

　その後、既存行より元本返済猶予のリスケ対応による支援を受け、国内工場の集約とコスト削減による損益改善を図り、一時は営業黒字に転換したも

のの、過去の設備投資に際して見込んだ受注が得られず、債務超過額は多額にのぼり、自主再建による解消のメドが立たない状態に陥ってしまっていた。

そのため、主力取引行X銀行による持込みで、債務調整アドバイザーB社主導の枠組みのなかで、スポンサー招致による再生支援計画の検討を開始していた。

3 ソリューションの検討

(1) 本件における再生プラン

当初描いたA社の再建策は、出資先となるスポンサーを選定し、B社が調整機関として金融機関等との交渉により借入債務を減免したうえで、新会社に事業譲渡を行うという、いわゆる私的整理による事業再生であった。

A社とX銀行ならびにB社は、取引先や同業他社、ファンドを含む数十社に対して声をかけ、スポンサーとなるべき候補者を募った。その結果、かろうじてファンド1社（以下、Cファンド）からスポンサーとしての意向表明を得られることとなった。

また、X銀行はCファンドの提示した条件に関しても、A社の事業継続を支援するために必要となる債権放棄額は許容範囲と判断し、私的整理手続を進めることに関しても前向きであった。

しかしながら、仕入代金の決済が重なる季節に突入したことで、A社の資金繰りは逼迫し、公租公課の延滞や取締役の私財提供によりなんとか資金繰りを回している状況であった。このままでは、スポンサー支援が決まる前に資金ショートを起こす可能性がある一方で、X銀行としても支援方針であったが、A社の債務は過大で新規の与信を取り組むことはできない局面にあった。そこで、スポンサーが決定するまでのつなぎ融資としてG社に融資の相談が持ち込まれるに至った。

(2) プレDIPファイナンス実行の検討

　本件における担保物は、在庫（A社所有の特殊部品製品、仕掛品、原材料等一式）、売掛債権、機械設備、不動産であった。

　G社は、A社の担保余力を測るため、棚卸資産である特殊部品の評価を行った。A社の特殊部品は、メーカーの特定商品における特注の特殊部品が大半であり、汎用性がないため他社に売却ができないことからリクイデーションを前提とした担保価値としての評価が見込めない半面、一部の特殊部品については既存取引先からの受注生産により出荷が確定しており一定の価値があると判断された。

　売掛債権の第三債務者については、A社の取引先の大半は国内メーカーであるが、商品の商流自体は海外子会社同士を経由した取引が多くを占めており、国内の担保適格性を有する売掛債権は少額であった。そのためG社は、工場にある機械設備とA社オーナーの親族が保有する住居用不動産の第2順位（第1順位は主力銀行が抵当権設定ずみ）による担保余力分を評価し保全を確保することで、最終的な必要運転資金額の設定を行うこととなった。

　今回の融資における主要なポイントはA社の事業再生の鍵となるB社による私的整理のサポートが得られる可能性であった。しかし、唯一、意向表明を行ったCファンドもこれからデュー・デリジェンスを行うという状況であり、G社のABL資金も一部は延滞していた公租公課の支払に先に充てられることとなり引き続き資金繰りも不安定、最終的にスポンサー決定と共にB社が支援を行うかどうか先行きは不透明であった。

　それでも、利害関係者であるX銀行の意向をふまえて、G社によるプレDIPファイナンスによりA社を支援し、またX銀行とB社との3社の協力体制でA社のモニタリングを行いサポートすることができれば、Cファンドの投資までたどりつけるとG社は判断し、それまでの期間として6カ月間のABLの実行に踏み切った。

4 実行後の状況

(1) モニタリング

　G社はA社に対し最低手元流動性の財務制限条項を設け、週次ベースでの資金繰り状況のモニタリングを行った。また、B社とX銀行と共同で資金繰り確認の電話会議を行い、急激な資金繰り悪化の可能性や今後の想定される推移など情報共有を行うことで、事細かに状況を把握しモニタリングを徹底した。

(2) 継続・追加融資

　G社によるABL実行後、スポンサーとしての意向表明をしたCファンドも当初の予定どおりデュー・デリジェンスを開始していた。しかし、精査に時間を要しスポンサー選定手続が当初の計画より後ろ倒しになるにつれて、ABLの期日内にB社の私的整理サポートを得ることはむずかしくなった。また、A社の新規受注の遅れや海外子会社の売上低迷により当初の想定より売上入金が下振れし、よりいっそう資金繰りが逼迫したため、ABLの期限延長要請が行われることとなった。G社は、A社のスポンサー選定状況が不安定であること、資金繰り破綻リスクが高まっていることを懸念し、一部内入返済を受けることにより保全率を高めることを条件に、4カ月の期限延長を行うこととした。

(3) スポンサー選定における論点

　Cファンドが調査に時間を要した理由は、デュー・デリジェンスにおいて2点の問題が顕在化してしまったことである。

　まず1点目は、主要販売先であるメーカーに対する価格改定に時間を要したためである。すでに競合他社との価格競争と特殊部品の価格単価下落によ

り、主要顧客であるメーカーへの販売単価は相当以上に切り詰められており、A社の利益を大きく圧迫していた。今後の再生計画を描くうえでも利益の向上は必須であり、A社はB社と共に順次主要取引先数社と面談を行い、値上げの要請に対応してもらっていた。最大取引先のみが値上げの承諾に時間を要し、Cファンドとしても将来的な資金計画と売上計画を描くうえでも前向きな回答が必要であった。

　2点目は地方自治体による補助金の返還要請に対する懸念であった。A社は、国内工場設立にあたり、地元自治体からの補助金制度を利用していた。しかし、A社は補助金を活用して購入した機械設備の一部を地方自治体の承諾なく売却してしまっており、当該補助金制度のペナルティ条項に該当し、地方自治体に対して補助金の返還義務が発生することが明らかとなった。その場合、Cファンドの見込んでいた企業価値が大幅に減少することから、私的整理の枠組み自体がワークしなくなってしまう可能性が濃厚となってしまう。そのため、A社とB社は、私的整理手続で新会社への譲渡対象から補助金の返還債務を切り離すことを前提に地方自治体と交渉を進める必要があった。

(4) 法的整理への移行

　融資期限延長から1カ月経たずして状況は一変することとなった。A社は補助金のペナルティについて地方自治体と幾度となく交渉を重ねていたが、事業譲渡のための措置は認められずペナルティ支払は免れないとの結論を言い渡されてしまった。その結果、補助金のペナルティが過大で、金融債務の減免のみではスポンサーからの出資を受けることが困難であり、B社としても私的整理の枠組みのなかでは十分な再生計画を描くことが現実的にむずかしく、債務調整は困難であるとの決断がされた。

　それでも引き続き再建の可能性を模索したA社は、弁護士と相談の結果、民事再生[5]へと急きょ舵を切ることとなった。もちろん、自力での再建はむずかしいため、スポンサー支援による事業の再建が必要であった。

上記のとおり、すでにスポンサー選定の手続により、スポンサー候補は支援意向を示していたＣファンド１社に絞られており、デュー・デリジェンス等の必要手続も完了していたことから、Ｃファンドに引き続き支援意思があるのであれば、早急に事業譲渡を実行することが可能であると考えられた。つまり、事前調整型の民事再生かつ再生計画外での事業譲渡を行うことで事業価値の毀損を防ぐことを目指すものである。弁護士はすぐさまＣファンドに連絡をとり、法的手続に移行した場合でも引き続き前向きに支援を検討してもらうことを確認し、裁判所と事前に打合せたうえで、民事再生を申し立てた。

(5)　**最終エグジット**

　Ｇ社はＡ社の事業継続に必要な資産である在庫と売掛債権を担保としていたため、Ａ社を含めた申立代理人ならびにスポンサーのＣファンドも、Ｇ社の支援継続は必要であると認識していた。そのため、Ａ社と申立代理人は、申立て前にＧ社と面談を行い、スポンサー支援による一括弁済がなされるまでの間は月次での約定弁済による元利の支払を行う旨の別除権協定の締結を行うことで合意することとなった。

　民事再生申立て後も、Ｇ社は引き続き資金繰りのモニタリングを行い、Ｃファンドとの交渉の進捗状況も入念にフォローを行っていた。

　Ａ社と申立代理人は、主要販売先からの値上げの承諾を早期に取り付け、無事、申立てから３カ月以内にＣファンドと事業譲渡契約を締結した。その１カ月後には新会社への事業譲渡を実行させることに成功し、譲渡代金をもってＧ社によるＡＢＬは全額弁済されるに至った。

5　民事再生手続においては、地方自治体の債権も再生計画にて債務免除の対象となる。

5 他案件への応用可能性

　本件は私的整理から法的整理に移行し、計画外の事業譲渡にて早期再建が図られた珍しいケースのなかでの融資事例である。本件のように私的整理を前提としたプレDIPファイナンスは、状況が二転三転しやすく、時には法的整理に移行するなど当初のシナリオどおりにはいかないケースが多々ある。それでも、主要関係者である銀行やファンドといったプレイヤーと協力してモニタリングを行い、リスクに応じて保全状況を高めておけば、毀損を回避できる。事業再生局面で私的整理が多用されるなか、プレDIPファイナンスの果たす役割は大きく、活用が期待される。

事例 7

借入人に民事再生手続が開始されているケース
（大型機械部品加工業）

1　ポイント

　本件は、私的整理が不調となり、民事再生手続開始申立てを余儀なくされた大型機械部品加工業者A社に対し、A社の事業再生に必要不可欠であったリース物件（大型機械設備）について、リース債権者からの物件買戻資金を、動産専門会社G社が買戻対象リース物件を担保に融資した案件である。

　買戻対象リース物件を有していた別除権者たるリース会社XリースおよびYリースは、中古機械業者の買取価格等を提示することにより、当該リース物件の市場価値が、A社との間で協議された別除権評価額（リース料債権残高）を超過していることを主張したことから、別除権協定の締結に至らなかった。A社はその事業の中核資産であった当該リース物件の利用継続を目的として、当該リース物件をリース会社が提示する市場価格相当で買い戻すための資金が必要となり、G社に対し融資検討を依頼した。G社は価格の妥当性を検証し、リース会社が主張する金額と同等の融資を実行した。

2　事　案

【A社の概要】

項目	概要
業種	大型機械部品加工業
売上高	500百万円

| 金融機関 | メインバンクZ銀行（地銀） |

　A社は、上場企業の大手重電メーカーや大手自動車メーカー向けに大型機械部品を納めており、大型機械部品の加工業者としては業界内で一定の知名度を有していた。ピーク時には売上高約1,000百万円、経常利益約50百万円を計上していた。

　A社は、業容拡大を目論み、2007年から本社工場増築や大型機械の導入を行うなど、総額約1,000百万円の大規模な設備投資を計画した。しかしながら、設備投資完了を目前にして、2008年にリーマンショックが発生したことから、多くの得意先からの受注が途絶えた。さらに追い打ちをかけるように、2011年に東日本大震災が発生したことから、原子力発電設備関連の新規建造計画がストップし、同年受注予定の原子力発電設備関連の仕事がすべて消滅した。度重なる不運な出来事に対応するため、所有する大型機械設備を売却するなどし、そのつど資金繰りに充当することで難を逃れていた。また、リース料の支払が資金繰りを圧迫したことから、リース会社に対して度々支払条件の緩和を要請し、リース会社もこれに応じていた。

　その後A社は私的整理による再生を企図していたが、メインバンクであるZ銀行からの支援が得られないなか、急激に資金繰りが悪化。リース料の支払もままならなくなり、A社は民事再生手続開始申立てを行うに至った。

　民事再生手続開始申立て後、従業員を削減するなど人的リストラを実行し、また主要仕入先より売掛債権を担保として10百万円の支援を受けた。得意先との関係は徐々に修復され、申立て直後には発注を停止していた大口取引先からの受注も再開された。市場環境の好転も追い風となり、安定した受注を確保し徐々に設備稼働率も上昇した。

　一方、債権者集会に向けてA社の主力の機械大型設備であるリース物件を保有するリース債権者6社との別除権協定の交渉を進める過程で、XリースおよびYリースの2社がA社との別除権協定締結に応じなかったことから、当該リース物件を買い戻すための資金が必要となり、G社が当該買戻資金の

融資を実行した。

その後、A社の再生計画が債権者集会において可決され、裁判所からの認可決定が下された。

3 実行したソリューション―機械設備担保による融資―

G社は、A社の資金ニーズに対し、機械設備を担保としたABLによる資金支援を検討した。

融資検討の結果、次の課題に対しての検証が必要とされた。

(1) 担保価値評価

担保対象となった機械設備は、金属工作機械という汎用性のある換価性に優れたものであり、5～15年落ちの横中ぐり盤、立旋盤、門型マシニングセンター等の合計5台であった。いずれも、中型から大型に属する機械設備であり、A社にとっては事業継続上必要不可欠なものであった。

再調達価格（推定新価）	150百万円
数量	5台
G社融資実行金額	50百万円

G社は、ABLのための評価手法ならびにリクイデーション（換価）シミュレーションに基づき担保価値評価を行った。対象資産を売却することで現金化できる金額の算出と、現金化に要する販売期間ならびにかかる必要経費、そしてそのほかリスク要因の予測値の算定を行い、純粋に手元に残る金額を算出した。

G社が想定した現金化できる金額とは、「卸売換価」の際の換価金額をもとに算出しており、これは中古機械業者の買取価格、いわゆる下取価格とは異なる。特に売れ筋の機械設備であれば、同業の部品加工業者（ユーザー）

もしくはユーザーを顧客として有する機械販売商社（ブローカー）を通じた売却が可能である。換価に際しては、事前段階でのユーザーもしくはブローカーへの販促活動（プレ・セールス）の期間次第で現金化できる金額が大きく変わってしまうため、融資実行後には債務者の財務状況および担保物のモニタリングを行い、近い将来において債務者が破産することが予見されるような状況が発生した場合には、担保権を行使する前段階からプレ・セールスを開始して換価に備えることが肝要である。

(2) 譲渡価格と担保価値との乖離の有無

別除権協定締結に応じなかったリース会社は、中古機械業者の買取価格相当額が別除権評価額の最低条件であることをＡ社に通知した。これを受けて、Ｇ社は当該価格の妥当性を検証した。

Ｇ社は、リース会社より提示を受けた価格は、一般的な中古機械業者が提示する金額と同等水準との検証結果をふまえ、リース物件をリース会社から買い取るために十分な資金の融資金額を設定した。

(3) リース物件の所有権移転と譲渡担保権設定の同時実行

リース物件の所有権はリース会社に帰属していたため、リース会社からＡ社へのリース物件の所有権移転とＧ社によるＡ社に対する融資実行およびＡ社による譲渡担保権設定を同時に進める必要があった。

まず、Ａ社はリース会社との間で協定書を締結し、リース債務の残債額とリース物件の買戻価格の合計が中古機械業者の買取価格相当額であることを確認した。そして、Ａ社はＧ社との間で金銭消費貸借契約と担保権設定契約を締結し、Ｇ社が融資実行日に協定書記載の返済代金をリース会社に直接振り込んだ。Ａ社は、リース会社から所有権移転の通知を受け取ると共に、物件受領証をリース会社に差し入れると、直ちに占有改定の方法によりＧ社を担保権者とする担保権を設定し、加えてＧ社は動産譲渡登記を行った。

図表7－1　担保設定の流れ

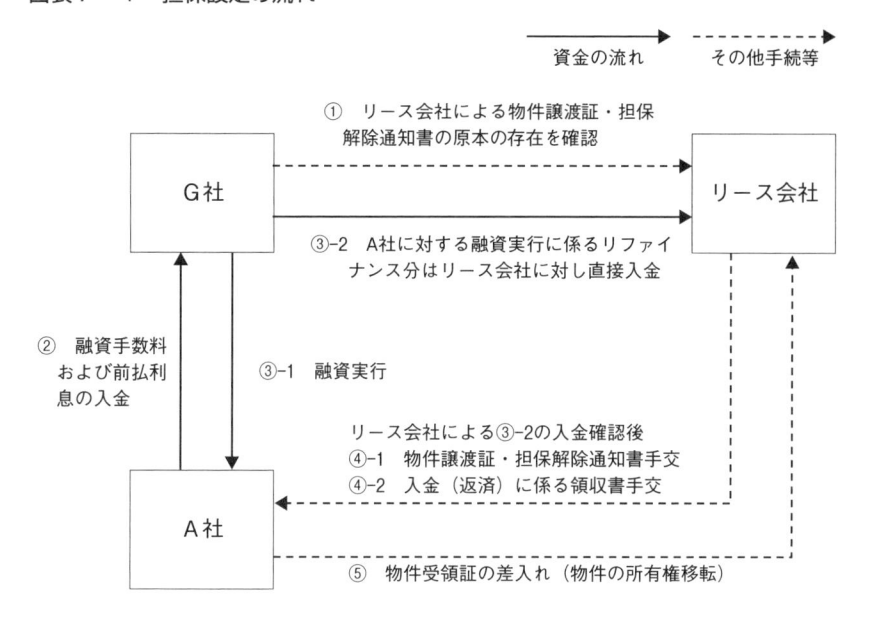

```
                              ──→ 資金の流れ    ┄┄→ その他手続等

                    ①　リース会社による物件譲渡証・担保
                        解除通知書の原本の存在を確認
    ┌─────┐ ────────────────────────→ ┌─────────┐
    │ G社  │                                    │ リース会社 │
    └─────┘ ┄┄┄┄┄┄┄┄┄┄┄┄┄┄┄┄┄┄┄┄┄┄┄┄┄┄→ └─────────┘
       ↑↓       ③-2　A社に対する融資実行に係るリファイ
                     ナンス分はリース会社に対し直接入金

    ②　融資手数料      ③-1　融資実行
        および前払利
        息の入金

    ┌─────┐
    │ A社  │ ←┄┄ リース会社による③-2の入金確認後
    └─────┘     ④-1　物件譲渡証・担保解除通知書手交
                  ④-2　入金（返済）に係る領収書手交
                ⑤　物件受領証の差入れ（物件の所有権移転）
```

4　実行後の状況

(1)　モニタリング

　G社は、融資実行後、月次ベースでの売上計画と実績の予実管理と週次ベースでの資金繰り管理を行った。製造業、特に下請業態の特性として、得意先からの受注見込みと実績が、時に大きく乖離することがある。そのため、ABLで一般的に行う手元流動性などの財務制限条項等のチェックにとどまらず、得意先からの受注状況を把握することは大変重要となる。

　また、G社によるA社のモニタリングを通じた密なコミュニケーションが時に副産物を生み出すこともある。A社は、得意先から新たに受注を受けたが、受注が好調で機械設備の稼働率が上昇し、新たな受注に対応できる余裕

がないことから、やむをえず謝絶しようと考えていた。これを聞いたG社が、A社のかわりに中古機械を調達し、貸し出すことで、受注の獲得に成功した。

(2) A社コメント

・もし1台でもリース会社に機械をもっていかれていたら、再建はむずかしかったかもしれないが、G社が買戻資金を融資してくれたので非常に助かった。
・民事再生を申し立てた時は、得意先からの受注が激減するのではないかと思っていたが、そのようなことはなく、法的整理を活用することで債務の整理ができ、再建に目処がついた。

5　他案件への応用可能性

本件のような融資手法は、比較的汎用性の高い機械設備や車両などをリースによって調達している製造業や運輸業のような事業会社で、当該リース債務残高が対象資産の市場価値よりも下回ってきた場合に応用可能と思われる。

トピックス3

わが国における機械設備評価需要の拡大とASAの役割

1 機械設備評価の重要性の高まりと評価人の不足

　わが国における機械設備評価は資金調達、財産評定、M&A、パーチェス・プライス・アロケーション（PPA）等を目的としてさまざまな用途で活用されている。特に会計目的の評価では、減損会計や企業結合会計の導入、さらには国際財務報告基準（IFRS）の任意適用等、会計における公正価値評価の領域が広がっており、機械設備の公正価値評価の重要性が高まりつつある。

　しかし、国内では機械設備評価に関する公的な資格制度がなく、機械設備を適正に評価できる評価人が不足していることから、早急な機械設備評価のインフラ整備が期待されている。また、機械設備の評価基準は、日本で特に統一された基準がない一方、国際的には国際評価基準審議会（IVSC）が機械設備を含む多様な資産に関する国際評価基準（IVS）を策定する潮流にあり、わが国における機械設備評価もこうしたグローバルスタンダードに対応していく必要が出てきている。

2 欧米諸国における機械設備評価の担い手

　機械設備評価で先行する欧米諸国では、不動産の評価を不動産鑑定士に委託するように機械設備の評価を米国鑑定士協会（American Society of Appraisers）、あるいは英国王立チャータード・サベイヤーズ協会（RICS）といった権威のある団体が認める資格保有者（上級資産評価士（Accredited Senior Appraiser、以下、ASA）等）に委託することが一般的となっており、日本の製造業が数多く進出しているアジア諸国においてもASAはGordon Brothers Group等のグローバルアプレーザルファームや大手会計事務所では広く認知・取得されつつある。

3　日本でも上級資産評価士（ASA）の育成が始まった

　企業会計基準の時価主義への移行や動産担保融資の普及促進を背景にわが国においても機械設備の評価人の育成が始まっている。前述の米国鑑定士協会が認定するASAという資格はこれまでアメリカや先行する諸外国で研修を受け取得する必要があったが、2011年より国内の教育団体日本資産評価士協会（JaSIA）が米国鑑定士協会より委託を受け、ASA資格の取得に向けた教育・研修プログラムの提供を開始しており、国内での資格取得が可能となった。ASA資格を取得するには、①機械設備の四つの講座ME201-204の受講および各講座の試験に合格すること、②年間2,000時間ベースで5年以上の実務経験を有すること、③実際のレポート審査等が要求される。また、ASA取得後も継続教育が義務づけられており、ASA資格保有者のレベル維持・向上を可能としている。

4　評価経験豊富な有資格者に委託すべき

　機械設備の場合、会計上の償却速度が実際の機械設備の価値の劣化を反映していないことが往々にしてある。そのため、機械設備の経済価値を適正に評価した結果、償却済みの機械設備から埋蔵金のように価値が見出されることも珍しくない。機械設備を評価することで、償却が進んだ機械を担保に資金調達が可能となったり、PPAの際に機械設備を適切に時価評価した結果、のれんを圧縮できたりとさまざまなメリットがある。しかし、その評価がグローバルに確立している信頼性のある評価手法にのっとったものでない場合、資金調達において金融機関に対する信用力・説明力が不足するものとなったり、のれんの圧縮について監査法人、ひいては投資家へのアカウンタビリティを果たすに堪えうる裏付証拠の具備といった本来の目的が果たせなくなったりする可能性がある。委託者が安心して評価を委託するには、評価者が、①国際的に通用する権威ある資格・称号（ASA等）を有していること、②機械設備評価の実績が豊富であること、の両方を満たしているかを選定基準とすることが

推奨される。

5 ASA（American Society of Appraisers 米国鑑定士協会）

ASAはアメリカの首都ワシントンに本部をもち、1936年に創設されたアメリカの最も古い歴史を有する鑑定教育・資格の業界自主団体で、1987年の米国鑑定財団（The Appraisal Foundation：TAF[1]）の創設メンバー（8団体）を主導。現在不動産、動産、機械・設備、事業（知的財産を含む）、美術品、宝石等それぞれの専門分野での評価に関する教育と資格認定を提供している。

動産、機械・設備、事業評価の分野においては特に高い権威と信用力を誇っており、ASAの鑑定教育・資格は、北米に加え、欧州（東欧を含む）、南米、アフリカ、中国、その他アジア諸国、オセアニア等にて広く受け入れられ、これらの国々における評価のスタンダードとなっている。

特に機械設備の分野では、ASAは、世界で唯一国際的にも認知される評価士の認証を与えている機関である。また、ASAは現在IFRSに対応した国際評価基準の策定作業についても、米国鑑定財団と共に積極的な役割を果たしている。

（出典） 一般社団法人日本資産評価士協会ホームページ
（http://jasia-asa.org/）

---

1) 米国政府にも認知されるUSPAP（米国統一鑑定業務基準）の制定母体。

第2章

さまざまな
ストラクチャリングを用いた
ソリューション事例

事例 **8**

シンジケーションを用いるケース
（ホームセンター）

1 ポイント

本件は、年度資金を毎期、短期約定弁済付きで調達していたホームセンターA社が資産の約3割を占める在庫に着目し、シンジケート型ABLで長期資金を調達することにより、資金繰りを安定化させた事例である。

2 事　案

【A社宛ABLの概要】

項目	概要
業種	ホームセンター
業歴	80年
売上高	20,000百万円
融資金額	2,000百万円
貸出形式	シンジケート方式タームローン
担保	店舗に陳列・保管された商品、倉庫に保管された商品
在庫評価	動産専門会社G社
従業員	600名

A社は、約10店舗を有するホームセンターであり、地方銀行のX銀行がメインバンクとして、普段からA社の経営相談や資金調達の相談を受け信頼関係を構築していた。

1970年代より徐々に店舗網を拡大していったＡ社は、借入金が増加傾向にある一方、金融機関からの資金調達の際に担保提供した不動産の価値は下落し、担保で保全されない貸出額が大きくなってきた。貸出シェア６割を占めるＸ銀行では与信集中リスクを削減するため、無担保部分の借入金圧縮が課題となっていた。そのため、運転資金に関しては、短期約定弁済付きで対応することが多くなり、Ａ社では資金繰りに忙しい状態が続いた。しかも、減収傾向のＡ社に他の取引金融機関も慎重姿勢となっていった。

　Ａ社は年度資金として毎年数十億円規模の調達が必要であり、メインバンクであるＸ銀行がＡ社の資金調達を支援してきたが、他行からの調達が不安定となると、Ｘ銀行の負担が大きくなっていた。そこで、Ｘ銀行は年度資金の融資を検討するにあたり、Ａ社の資産の約３割を占める在庫に着目し、店舗在庫を活用したシンジケート型ABLによる資金調達を検討することとなった。

3　実行したソリューション

　シンジケートローン参加行は、店舗に陳列されている在庫を担保物とし、Ａ社と動産譲渡担保契約を締結。Ａ社は、POSシステム（販売時点情報管理）を導入しており、在庫データの精緻なモニタリングは可能と判断された。従来ABLは、在庫簿価や売掛債権額に応じて短期の借入枠（ボロイング・ベース）を設定し借入枠が変動するスキームで取り上げられるケースが多いが、本件は長期資金としての取組みを検討した。ABLはモニタリングが重要であるが、本件では各種資料（在庫や売上げ等に関する資料等）の月次での提出義務、財務制限条項（２期連続の経常損失を計上しないこと、純資産額を一定水準に維持等）を契約上に規定し、Ａ社の信用力と業況の変化を把握できるスキームを構築した。

　ABLを実施するにあたり、Ｘ銀行は動産専門会社Ｇ社と共に実地調査を行い経営課題や経営理念、商品仕入れのプロセス、会計処理の方法等、時間

図表8-1 シンジケートローン概要

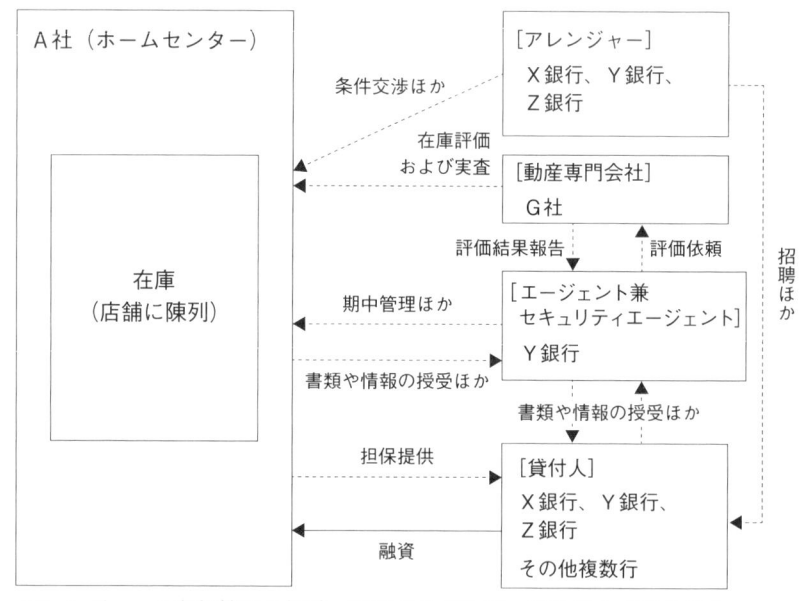

- アレンジャー：参加機関の招聘、融資条件の交渉、契約書作成等を行う。
- エージェント：参加機関の代理人とされ、資金の授受（参加機関から資金を集めて借入人に貸出し、借入人からの元本および利息の支払を受け、参加機関に分配すること）、契約書に記載された貸出の前提条件が充足しているかの確認、書類や情報の授受等がある。
- セキュリティエージェント：担保管理を行う。

をかけて詳細なヒアリングを行った。G社に評価業務を委託したことにより、X銀行は、在庫の担保価値だけでなく、決算書の数字には表れない事業の定性情報、在庫の詳細、業界におけるポジション等も理解することが可能となった。普段から顧客と親密な関係であるX銀行にとっては、モニタリングやヒアリングにより、顧客に対して資金調達や経営改善に係る提案を行ううえで不可欠な情報が得られたことは大きなメリットとなった。

本件の換価の際には、担保権者の委託を受けたG社が主導し、在庫保管場所である各店舗でA社販売員も活用して閉店セールを実施することを想定し

た。本件動産の評価を担当しているG社は、数多くの類似換価実績とノウハウを有している。動産の評価においては、処分シナリオの実現性がどれだけ高いかが重要といえる。担保としている在庫は店頭に陳列されており、手間と費用をかけて再梱包して卸売による処分を実施するより、店舗を活用した閉店セールのほうが、余計なコストをかけずに処分できる。

　実際に在庫処分を実施する際には、破綻直前の投げ売り等の影響により在庫の内容が評価時点と異なる可能性があり、この変化を早期に察知するためにも継続したモニタリングが重要となる。G社は処分対象在庫を再分析し、販売により得られるキャッシュと支出すべき経費のバランスを勘案し、換価額の最大化を実現するために処分期間を設定し、詳細な販売計画による処分を実施することになる。

4　担保設定と対抗要件

　本件では、在庫の保管場所と在庫の種類を特定し、動産譲渡登記を行った。したがって、登記上で定めた保管場所から在庫が持ち出された場合、担保権が及ばない。A社は多店舗展開しているホームセンターであるため、すべての店舗と倉庫等の保管場所を登記することで、既存保管場所間での移動により担保権が及ばなくなるリスクを最小減にとどめた。そして保管場所別の在庫数量・金額等の報告を受けることで、保管場所に変更がないことをモニタリングすることとした。また保管場所の移動がある際は事前に全貸付人に報告する義務を契約上で規定した。また対抗要件は、占有改定と動産譲渡登記により具備した。担保の優先劣後は引渡しの先後によるので、動産譲渡登記の前にはあらかじめ、先行する動産譲渡登記がないかどうか、登記事項概要証明書に登記記録がない旨（いわゆる"ないこと証明"）にて登記の有無を確認した。しかし、登記を伴わず占有改定のみ等を対抗要件とし動産譲渡担保設定が行われている場合には、「ないこと証明」を取得しても確認することができず、先行する担保設定が行われている可能性があるため、リスク

がまったくないとは言い切ることはできない。借入人が故意に隠していれば、当事者ではない金融機関はその先行する担保設定を知ることができず、後順位での担保を取得することにもなるというリスクがある[6]。

　A社は店舗の大型化によりさまざまな商品群を取り扱うことで、売上拡大を図ってきた。それゆえにA社の在庫はアイテム数が非常に多く、長期滞留在庫や、デッドストックが含まれていた。

　そのような場合、B／S上の在庫が劣化している可能性があるが、財務諸表上では資産の劣化を早期に発見することがむずかしいといえる。債務者の信用力を判断し資金対応や自己査定を行っている金融機関としては資産の劣化状況や含み損益を加味した実態B／Sを把握する必要がある。金融機関では、ある種システム的な算式や経営者等へのヒアリングにより在庫の劣化状況を判断し実態B／Sとしている場合が多々ある。その点、第三者による在庫の鑑定評価を行うことは、A社の在庫の客観的な価値を把握できるため、大きな意義があるといえる。また、第三者による在庫の鑑定評価を行うことにより、在庫評価額や在庫推移、売上推移、粗利益率をレポートとして在庫カテゴリー別に得ることができ、A社の業況の変化を把握する資料となる。モニタリングのポイントは在庫の特性や商流によってさまざまであり、評価会社等の専門家のアドバイスを受けて案件ごとにモニタリング方法を検討することが必要となる。

5　実行後の状況

　試算表や店舗別損益状況、在庫関連資料の提出義務を契約書に規定し、貸付人各行とも同様に資料を受領する必要がある。業況を把握すると共に在庫情報を保管場所別、在庫種類別に受領することで在庫推移に著しい変動がないかをモニタリングする必要がある。また在庫保管場所の変更が発生する場

---

[6] 当該リスクに対しては、貸付人によるデュー・デリジェンスや担保契約における借入人による表明保証などのリスク軽減策で対応することが一般的である。

合には、事前に報告をする旨を契約書に規定しているものの、仮に事前の報告がなくても在庫関連資料のモニタリングにより在庫保管場所の変更を把握することが容易となる。

　なお、当初X銀行はシンジケート型ABLの取組み経験がなかったため、既存取引行のなかでABLのノウハウに長けたメガバンクY銀行に動産譲渡担保の担保管理実務を含めてエージェントへの就任を要請して本件が成立した。その後、X銀行がノウハウを蓄積し、現在では本件のリファイナンス時にアレンジャー兼エージェント兼セキュリティエージェントとして案件を自ら組成し、管理も行うまでになった。

6　他案件への応用可能性

　ABLに関する管理業務については、国内においてノウハウが十分である金融機関はまだ多くないのが実状であり、X銀行も同様であった。本件は、シンジケート型ABLの性質上、セキュリティエージェントが参加行を代表して担保管理を行う義務があったが、X銀行はこれを遺漏なく行える体制にはなかったので、ノウハウに長けたメガバンクの協力を得て案件を組成することになった。

　その後、本件を通じて、地方銀行であるX銀行はシンジケート型ABLのエージェント機能に関する知見を深めることができた。

　金融機関によるノウハウ不足がABLの普及の阻害要因の一つとなっているが、これは精通したパートナーと協働することにより克服することができることも多い。シンジケートローンに参加することによりABLに関する知見を深め、最終的にはX銀行がアレンジャー兼エージェント兼セキュリティエージェントとなった本事例は、他の地方銀行でも活用できる手法の一つであるといえる。

事例 9
民事再生手続における事業譲渡先に対する優先劣後型EXITファイナンスのケース
（雑貨製造業）

1 ポイント

　本件は民事再生手続を申し立てた雑貨製造業者（旧A社）が、長期滞留在庫を除く、事業継続に必要な優良在庫（GOOD在庫）や不動産の一部（工場、本社）等を必要人員と共に新会社（新A社）に事業譲渡するに伴い、新A社に対して、二つの金融機関が担保権について優先劣後ストラクチャーを設けたABLを用いてEXITファイナンス[7]を提供した事例である。

　旧A社は、民事再生手続申立て後の必要運転資金を、在庫および売掛債権を担保にしたABLを活用したDIPファイナンス[8]で動産専門会社G社から調達していた。新A社への事業譲渡に伴い、旧A社が借り入れているDIPファイナンスの返済に充当するための事業譲渡代金を捻出するべく、新会社によるEXITファイナンスの調達が必要になった。そこで、DIPファイナンスの貸付人として、担保物である在庫および売掛債権の内容を熟知していたG社が、EXITファイナンスにも劣後貸付人として継続して参加することになった。G社がEXITファイナンスにおいて、担保物のモニタリングおよび有事の際の換価を請け負うことで、シニア部分の貸付人に安心感を与え、貸付人間で協調を図ることができた。

---

[7] 法的整理を行っている企業の既存債務（金融債務主体）等を一括返済するために受ける融資のこと。
[8] 債務者が、再建型の法的倒産手続の申立てを行った後、当面の間、その事業を継続するために必要な資金について受ける融資のこと。

2　事案

【旧A社の概要】

項目	概要
業種	雑貨製造業
売上高	12,000百万円
営業利益	180百万円
経常利益	▲150百万円
有利子負債	11,000百万円
取引金融機関	メガバンク（2行）、地方銀行（複数）
従業員	320名

　旧A社は50年以上の業歴をもつ製造業者であり、製品は相応の声価・ブランド価値を有していた。一方で、旧A社は不採算事業や商品開発の失敗、子会社関連損失等により経営が悪化し、総額3,000百万円以上の特別損失を計上して債務超過となった。事業ポートフォリオの見直し、人員削減によるコスト構造の改善等による自力再建を試みたものの、有利子負債の負担が重くのしかかり、財務体質の改善を含む抜本的な事業再生が迫られ、民事再生手続の開始を申し立てることとなった。

　こうしたなか、民事再生手続中の旧A社の再生が円滑に行われるよう、仕入先への信用補完ならびにスポンサー決定までの運転資金確保を目的として、G社は旧A社の有する在庫および売掛債権の価値に着目したABLを活用し、DIPファイナンスを提供した。

　DIPファイナンスが実行された後、旧A社はスポンサー候補先となるBファンドと基本合意書を締結し、これによりBファンドが優先交渉権を得ることとなった。同社は旧A社の再生に際して、旧A社の資産の一部（在庫、本社・工場を含む不動産等）を新会社となる新A社に事業譲渡することに伴い

債務圧縮を行い、B／Sの健全化および収益性の向上によって企業価値を創出することが可能であると判断した。一方で、BファンドはX銀行に対して、一部の株式出資参加と新A社の運転資金確保のためのEXITファイナンスの相談を持ち掛けた。X銀行は新A社に譲渡される資産を担保にABLを活用した優先劣後型ABLを組成しようと企図し、当初より旧A社のDIPファイナンスの貸付人として在庫および売掛債権のモニタリング実績のあったG社に対して、劣後貸付人として参加の打診を行った。

3　事業譲渡および調達構成（キャピタル・ストラクチャー）

本件は民事再生手続中の企業の事業譲受会社に対する優先劣後型EXITファイナンスであるため、事業譲渡スキームの理解が重要となる。図表9－1は事業譲渡のストラクチャー図である。

スポンサーとなるBファンドは、旧A社の事業効率性および収益性の改善

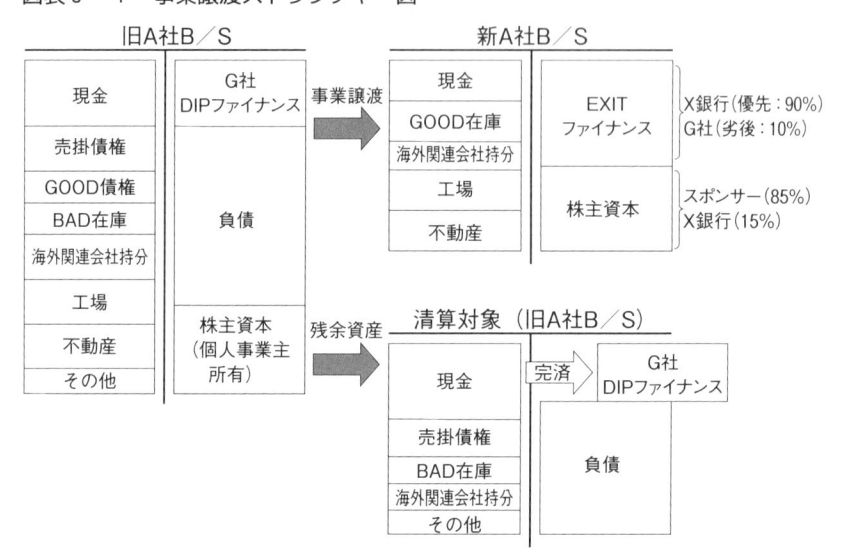

図表9－1　事業譲渡ストラクチャー図

に向け、資産圧縮を行うために旧A社の一部の資産を新設した新A社に事業譲渡を行い、資本を注入した。新A社は、既存事業のうち、不採算事業を切り離し撤退することを前提に、旧A社からGOOD在庫、工場（日本および中国）、本社不動産および海外関連会社持分等を承継する一方、物流センターや売掛債権、長期滞留在庫等を旧A社に残し、法的整理による大幅な債務圧縮を行うことになった。なお、民事再生申立て後に実行されたG社による旧A社向けのDIPファイナンスは事業譲渡代金により完済された。

新A社は旧A社から売掛金・受取手形を承継しないため、事業開始後数カ月間は回収が少なく、運転資金が必要な状態が続く。したがって、EXITファイナンスによって融資された資金は主に運転資金と事業譲渡の対価の支払に充てられた。

4　検討から実行へ

(1)　ストラクチャー

X銀行とG社は新A社に対して、1,700百万円のコミットメントラインの形態で優先劣後型ABLを実行した。新A社は、法的倒産手続終了後の新会社であり、事業開始時はB／Sが健全化した直後であったため、破綻するリスクは限定的であると思われた。同事業の過去の財務数値を検討すれば将来の業績や資金繰りをある程度予測できるものと判断された。しかしながら、大幅な債務カットを余儀なくされた会社であることから新規の資金調達が困難であったため、新A社の優良資産を担保としたABLスキームが活用されることとなった。その際、当初より旧A社の担保状況をモニタリングし、DIPファイナンスの貸付人として万が一の際の換価能力も兼ね備えたG社が劣後貸付人として優先劣後型ABLに参加したことで、優先貸付人となるX銀行に安心感を与えることができた。

(2) 担　　保

　担保物は、旧Ａ社より引き継ぐ在庫および新Ａ社で今後仕入れまたは製造する在庫、不動産（工場不動産）と預金に加え、新Ａ社にて発生する売掛債権および手形となる。在庫については、新Ａ社に承継された在庫を評価し、担保価値を算出し、集合動産として登記された在庫の担保価値の範囲内で、ボロイング・ベースを決めることになる。在庫は流動性が高く、在庫構成が変化（例：主要製品の全在庫に占める割合が大きく増減）した場合、担保価値もそれに伴って変動する可能性があるため、継続的（通常年１～２回）に在庫再評価を行う必要がある。また、新Ａ社の事業が計画どおりに進捗しなかった場合は、強制的に在庫の再評価を行う条項（在庫再評価条項）を織り込むことで担保価値の見直しが可能となり、掛け目の変更を柔軟かつ迅速に変更することを可能にした。不動産担保については、最終的なデュー・デリジェンスを経て、不動産の担保価値を算出した。担保価値の算出の際には各種減価要因（例：環境問題等）を織り込んで数字を計算することとし、融資金額は担保権実行時に発生するさまざまなリスク要因を考慮し、評価した資産の評価額の範囲内になるよう設定された。

(3) 債権者間協定

　本件のように複数の貸付人が協調して異なる順位で融資をする場合、債権者間の利害に関する取決めを行うことになるが、流動資産が担保として含まれている場合、有事の際に真っ先に毀損しやすい動産が放置されることを防ぐため、請求失期および担保権の行使についての優先劣後貸付人の権利関係を明確に定めることが重要であった。本融資における債権者間では、優先貸付人であるＸ銀行および劣後貸付人であるＧ社のどちらでも失期を請求することを可能とし、請求失期前に相手方への事前通知を行うものとした。また、有事の際の回収局面では、劣後貸付人であるＧ社が実際に動産換価を行うことが契約で定められていたため、①財務制限条項に抵触時、②資金繰り逼迫

時、③その他重大な契約違反があった場合に、在庫の換価価値の最大化が図れるよう、担保権行使を劣後貸付人の判断で行うことが可能となるような枠組みを設けた。

5　実行後の状況

(1) モニタリング

　G社は毎月、担保評価額をモニタリングし、X銀行へ報告することとなっていた。3カ月ごとにデータに基づいて机上で簡易評価、6カ月ごとに本評価（実地調査を伴うフルスコープ評価）を実施し、担保割れや担保価値に大きく影響をもたらすような事象の有無を把握するためのモニタリングが行われた。また、月次ベースでの資金繰り状況のモニタリングを行い、定期的に新A社の担当者に対してヒアリングを行い、手元流動性が悪化する場合は事前に感知できるよう徹底したモニタリングを行っていた。

(2) 最終エグジット

　一定期間が経過し、新A社の経営が安定したのち新規取引行のY銀行がコーポレート与信でリファイナンスしたことで、本件融資は完済となった。

6　他案件への応用可能性

　本件の特徴は、流動資産を担保に優先劣後型ABLを実行したことであった。リスク選好度や専門性が異なる複数の貸付人候補がいる場合に、担保に対する優先順位を設定し、異なるプライシングとリスクのトランシェをつくることで案件組成が可能となった。本件では、特に対象資産の換価能力を備えたG社が劣後貸付人としてABLに参加し、優先貸付人に安心感を与えたことで、優先貸付人にとって参加しやすい案件となった。

事例 10
優先劣後型ABLを用いるケース
(中古車販売業)

1 ポイント

　本件は、中古車販売業者A社が資金調達の安定化を図るべく、メインバンクであるX銀行と動産専門会社G社から中古自動車在庫を担保に期間5年の優先劣後型ABLで資金調達をした案件である。

　換価機能を有するG社が劣後貸付人として一定額を引き受け、担保処分エージェントとなることで担保権実行時の回収の確度が高まり、優先貸付人であるX銀行のリスクが低減され、A社に対し総額2,000百万円・期間5年の長期資金を提供することができた。

　その後、同スキームで2回のリファイナンスを通して、調達金額が3,500百万円まで拡大し、A社の事業拡大に見合った資金調達が可能となった。

2 事　案

【A社の概要】

項目	概要
業種	中古車販売業
売上高	30,000百万円
営業利益	1,000百万円
有利子負債	5,000百万円
従業員	300名

A社は数十店舗を運営する中古車販売業者で、関連事業にも積極的に進出し、自動車整備工場や中古自動車オークション会場の運営等も手がけていたなかで事業が拡大する一方、損益は悪化していた。

　そうしたなか、A社はX銀行の協力のもとで、資金調達の安定化を図り新たな調達スキームの検討を始めることとなった。

3　実行したソリューション

　X銀行およびG社がシンジケート方式で、SPCが所有する中古自動車在庫

図表10－1　本件のストラクチャー図

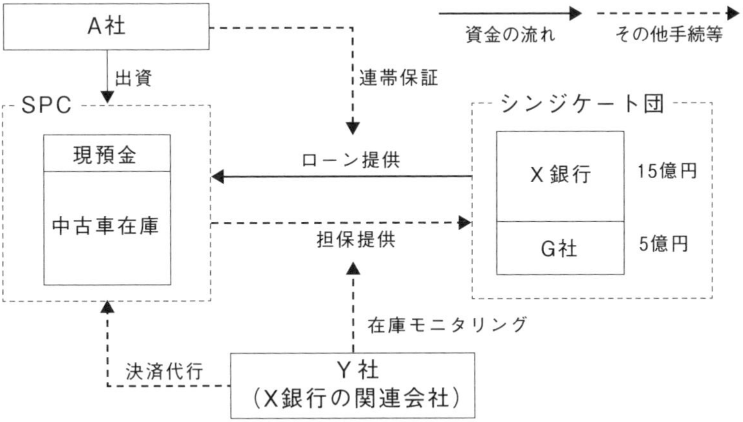

- A社は、担保対象となる中古自動車在庫の保有およびローンの引受けを目的にSPC（特別目的会社）を設立。
- シンジケート団は、SPCが保有する中古自動車および現預金等を担保にローンを提供。
- A社は前記ローンに対し、連帯保証を提供。
- X銀行およびG社の役割は以下のとおり。
  X銀行：アレンジャー兼優先貸付人
  G社：劣後貸付人兼担保処分エージェント
- Y社（X銀行の関連会社）がSPCの決済代行および担保在庫のモニタリングを行う。

を担保に、タームローンを供与した。ストラクチャーは図表10－1のとおりである。

4 中古自動車の担保価値に依拠したABL

本件は中古自動車在庫を担保にしたABLであり、中古自動車の担保適格性や対抗要件の具備ならびに担保価値の評価等について、貸付人であるX銀行およびG社は検討し対策を講じた。

(1) 中古自動車の担保適格性

以下3点により、中古自動車市場での売買は活発であり、中古自動車は換金性が高く担保適格性を有するものと考えられた。
① 中古自動車の約8割がオークション経由で取引されている。
② 全国で中古自動車オークション会場は約150カ所ある。
③ 出品車両の評価システムが整備されており、落札価格が明確である。

(2) 対抗要件の具備

道路運送車両法によると、自動車の対抗要件は「登録」となっている（道路運送車両法5条、「登録を受けた自動車の所有権の得喪は、登録を受けなければ、第三者に対抗することができない」）。

このため、対抗要件を具備するには、所有者名義を貸付人の名義に登録変更（所有者変更）を行う必要がある。しかし、対象車両が多数あり、かつ短い保有期間で売買されるため、所有者変更手続はA社の業務に大きな影響を及ぼす。このことから、対抗要件を具備することは経済合理性や実務負担の観点からは得策ではないと考えられた。

(3) リスクと軽減策

本件はA社とシンジケート団が「譲渡担保権設定契約」を締結するもの

の、法的に対抗要件を具備しない取組みとした。これにより発生しうるリスクに対し軽減策を講じた。

① SPCを用い対象在庫はA社から切り離す

本件では、A社が中古自動車在庫の保有およびローンの引受けを目的にSPCを設立した。対象在庫がA社からSPCに移転し、シンジケート団がSPCの唯一の債権者となることで、他の債権者に対抗できないリスクを回避した。

② Y社の決済代行によりSPCの資金繰りをモニタリングする

対抗要件を具備しないため、SPCの租税遅滞を理由に対象在庫に差押えがあった場合、シンジケート団はそれに対抗できない。

本件では、Y社（決済代行サービス会社、X銀行の関連会社）がSPCの資金決済を代行することで、SPCの租税の支払や資金繰りをモニタリングしていた。これにより、租税遅滞を早期に感知することが可能となった。

③ Y社が対象中古自動車の売却に必要な書類を預かる

中古自動車は換金性が高い（(1)「中古自動車の担保適格性」を参照）ため、A社の作為的な在庫の売却で担保在庫が急減するリスクがあった。これに対し、単価が一定金額を超える中古自動車の自動車検査証、自動車損害賠償責任保険証明書ならびにSPCの実印をY社が保管し、実務上A社が担保中古自動車を売却するにはシンジケート団の了承を必要とすることで、リスクを回避した。

(4) 担保価値の評価

本件は担保価値に依拠するABLであり、担保価値（中古自動車＋現預金）がローン残高を上回ることを前提にしている。このため、中古自動車の担保価値の評価が重要となる。

以下のとおり、シンジケート団の両貸付人はそれぞれの評価モデルをもち、またどのモデルを適用するのかの基準を制定した。

① X銀行の評価モデル

X銀行の評価モデルは、A社の正常な状態を維持し、自社オークション会

場が使用可能な状態を前提とするモデルである。

対象中古自動車を在庫日数で区分けし、区分ごとに販売実績に基づき、担保価値を算出（処分費用は加味しない）。

・粗利益率実績≧0％⇒簿価
・粗利益率実績＜0％⇒簿価マイナス想定売却損失

［X銀行モデルの評価結果］

全在庫について粗利益率実績が≧0％となったため、減額調整はなされなかった。

(a)	対象簿価	1,700百万円
(b)	X銀行評価額	1,700百万円
(c)	評価率　((b)÷(a))	100％

② G社の評価モデル

G社の評価モデルは、A社が自社オークション会場が使用できないなど、正常な状態を維持できない場合に担保在庫をG社が処分することを前提とするモデルである。

対象中古自動車を自社以外のオークションにて処分することを想定し、総換価額（売却収入）から諸経費（出品費用、落札費用、輸送費用等）を差し引いた純換価額を担保評価額とする。

［G社モデルの評価結果］

(a)		対象簿価	1,700百万円
G社評価	(b)	総換価額	1,850百万円
	(c)	諸経費	250百万円
	(d)	純換価額	1,600百万円
(e)		純換価率　((d)÷(a))	94％

③　両貸付人評価モデルの相違

　上記のとおり、X銀行モデルはA社の事業継続を前提としているのに対し、G社モデルは担保対象在庫を処分することを想定するモデルとなっている。本件のような担保価値に依拠する取組みにおいては、担保実行による回収を前提としておく必要があり、G社モデルがより現実的なものとなっている。

　本スキームにおける担保評価については、原則X銀行モデルの評価額を適用するものとしていた。しかし、A社のオークション会場の使用不可等により事業の継続がむずかしいと劣後貸付人であるG社が判断した場合、G社モデルで再評価する取決めとなっている。これは、このような局面においては、G社が担保処分エージェントとして、担保対象となる中古自動車を処分する可能性が高まるためである。

　また、X銀行モデルとG社モデルは評価額に約100百万円（評価率で約6％）の乖離がある。適用するモデルがX銀行モデルからG社モデルに変更となった場合、評価額減少により担保割れが発生するリスクがある。これを回避するために、A社に約100百万円のキャッシュ・リザーブを積ませることで、評価モデル変更による担保価値減少分をカバーすることとした。

(5)　遵守事項

　担保価値が融資残高を上回る状態を借入人に維持させるため、以下の遵守事項を設けていた。

① 担保価値（中古自動車在庫の評価金額＋預金担保）がローン残高を上回ること。
② 週次で担保価値を算出し、担保割れが発生した場合、追加預金担保を差し入れること。
③ 在庫構成を以下のとおり維持すること。
・単価の低い自動車の簿価が一定額を下回ること。
・在庫日数が60日を上回る在庫の構成比が一定の割合を下回ること。

・在庫日数が90日を超える在庫を連帯保証人A社が買い取ること。

(6) モニタリング

本件では、担保対象となる中古自動車在庫について、日次・週次・月次でのチェックを実施し、担保在庫のモニタリングを実施した。
① 日次チェック……在庫データを毎日入手し、在庫金額を確認
② 週次チェック……X銀行モデルにて在庫担保価値を算出
③ 月次チェック……車検証と在庫データの照合

(7) 債権者間協定

本件ではG社が劣後貸付人（第2順位担保権者）として、優先貸付人X銀行との間で以下のとおりに取り決めていた。
① 遵守事項に抵触し一定の期間内で治癒できなかった場合、所定の協議期間でX銀行とG社が協議を行う。
② X銀行とG社が合意に至らなかった場合、劣後貸付人であるG社が単独で期限の利益を喪失させ、担保在庫を処分し回収を図ることができる。
③ 協議期間内で、X銀行がG社の劣後債権を買い取ることで、G社による担保実行を回避し、融資取引を継続することができる。
④ 協議期間内では、G社が以下のように担保在庫処分に必要な準備をし、すみやかに在庫処分を開始できるように備える。
・G社が日次で在庫データを入手し、担保価値を把握する。
・SPCまたはY社が所有者変更に必要な書類をすみやかにG社に引き渡せるよう準備する。
・G社が対象車両の鍵や車両の保管場所を把握する。

なお、G社は事前に担保処分マニュアルを作成しており、担保在庫の処分を迅速に行えるようにしていた。

5　実行後の状況

　本件により2,000百万円の事業資金を調達した後、A社の業績は順調に回復し、業容を拡大した。増加運転資金が必要となったため、実行の翌年に調達金額を3,000百万円に、さらに2年後に3,500百万円にまで増額した。
　動産評価ならびに動産換価に多くの実績を有するG社が劣後貸付人のポジションを維持することで、複数の金融機関が優先貸付人として新たに加わり、A社の規模に見合った資金調達が可能となった。

6　他案件への応用可能性

　本件は、G社が劣後貸付人（第2順位担保権者）および担保処分エージェントとして、優先劣後型タームローンをX銀行と共に組成したことで、優先貸付人の観点からみた与信リスクを抑えることができ、融資金額の最大化および融資期間の長期化を実現したものである。本件スキームは他の業界・業種への応用も可能と考えられる。

事例11
他の金融機関が保有する債権を購入するケース
(雑貨製造業)

1 ポイント

　本件は、金融機関の保有するA社宛ての貸付債権全額を購入・集約したXサービサーが債権を売却（エグジット）する際に、借入人A社の保有する不動産に加えて売掛債権、機械設備等の価値にも着目したうえで、動産専門会社G社が対象金融債権を購入した事例である。

　当該金融債権購入後、G社が優先劣後構造を自ら設計し、二段階に分けて事業再生を支援したケースであり、一度サービサーに渡った貸付債権が銀行団に最終的に戻るなど、借入人にとっても意義のあるファイナンスとなった。

2 事　案

　雑貨製造業のA社は、事業多角化のため、本業以外の事業分野へ進出したものの販売不振により投資金額を回収することがまったくできず、毎期赤字を大きく発生させていた。本業は100百万円程度のキャッシュフローを生んでいたものの、他事業による赤字が積み重なり債務超過に転落したA社は、金融機関からの支援が得られなかった。

　当時、各金融機関は、金融再生プログラムに即して、不良債権比率を半減させようとしており、回収可能性の低い金融債権を次々と事業再生ファンドやサービサーに売却していた。金融機関は、半ば機械的に債権処理を進めるため、主たる回収原資である不動産担保の価値を保守的に算定するのみで、

その他の資産の評価やキャッシュフローによる弁済を勘案して債権価値を弾くことはしていなかった。この結果、金融債権は、不動産担保価値程度で取引されることになり、潜在的な価値よりも低い価格で売却されることが多かった。

　A社も例外ではなく、Xサービサーが、A社に対する銀行等の金融債権を徐々に買上げ集約を行った。

　Xサービサーは、A社宛ての額面総額3,000百万円の金融債権を500百万円で買取り後、1,000百万円の債権放棄を行い、額面（請求権）ベースで2,000百万円までA社の債務を圧縮。一方、Xサービサーは、当該債権をファンドで保有していたため、ファンドの投資期限を意識する必要があり、債権保有期限が迫っていたことから、G社がXサービサーからの債権買取の検討を進めた。

　G社は、不動産のほかに、在庫、売掛債権、機械設備が担保価値の源泉になると考え、それらの資産の担保化を行う方針を固めた。

　G社の本件ファイナンスに対する基本的な見方は、将来、銀行等の金融機関がリファイナンスを実行するまでのいわば「つなぎ融資」であった。こういった資金使途のファイナンスは短期間のファイナンスとなることが多く、通常は、短期的な目線で借入人の「資金繰り」と「担保価値」の両輪から見つめていくことになる。短期のファイナンスにおける資金繰りは、ファイナンスの期限における返済原資を捻出するものではなく、ファイナンス期間中に資金ショートを起こさないことを確認するためのものである。

　その結果、本件ファイナンスについては、ファイナンス期間中の資金繰りが回るという前提条件のもとで、基本線としては、担保価値に依存するファイナンスという判断に至った。Xサービサーとの譲渡価格の交渉を経て、額面2,000百万円の金融債権に関する譲渡契約の締結に至った。

3 検討されたソリューション

　サービサーや事業再生ファンドが金融債権を集約したうえで、当該債権売却を行う際に、当該債権の買い手が、在庫、売掛債権、機械設備等の担保提供を受け、そういった担保物の価値を織り込んで当該貸付債権を評価することができれば[9]、伝統的な不動産担保価値依存型の事業再生支援に比して、いっそう意義のある取引になると考えられた。

　通常、キャッシュフローが相応に創出されているものの、財務状態が債務超過等悪化している場合、不動産価値のほかに、一定期間のキャッシュフローを返済原資に加えて返済能力を算定し、最終的な債権価額を算出する。一方で、在庫、売掛債権等の流動資産、機械設備等の固定資産の価値を債権価額に加算することができれば、債権売却の観点からみると、従前に比して高く売却することが可能になる。また、債権購入の観点からみると、回収可能性が高まることが期待される。このため、両者にとりメリットがあることから、本件の債権買取が検討された。

4 実行したソリューション

(1) 第1段階の取引内容

　G社は、債権買取り後、早期リファイナンス促進および借入人の課税回避のため、銀行等の金融機関が1年以内にリファイナンス可能な金額分を優先債権、残額を劣後債権として以下の点を考慮し切り分けた。

---

[9] 本件のように借入人の債務全額を集約し、他の債権者が存在しない状況のもとで有効となる。他の債権者が存在する場合には、新たな担保提供を受けるためには、債権者間の協議が必要。

① 債務金額とキャッシュフローの水準とのバランス

元来の負債過多の構造が継続してしまっていることから、キャッシュフローの水準と債務の額面金額が均衡しておらず、金融機関がキャッシュフローベースでリファイナンスできる水準まで債務金額を減じる必要性があった。このため、債権を分割して、優先債権に金額の合理性をもたせることとした。

② 債務免除益課税回避

債務免除益を相殺することができる税務上の繰越欠損金がなかったことから、仮に額面を下回る金額でリファイナンスが実現したとしても、差額分を債権放棄すると債務免除益の課税対象になってしまう可能性があった。事業再生を企図している借入人にとっては、債務免除益課税は回避したいため、当該差額をリファイナンス時に発生させないように、弁済可能性の低い部分についても、劣後債権として額面を残すことにした。

まず、第1段階として、上記のような債権の切分けを行うことで、銀行等の金融機関によるエグジットファイナンス（金融取引の正常化）を引き出すことを目指した。

(2) 第2段階の取引内容

本件ファイナンスから約1年経過後、A社のかつての取引行のY銀行のアレンジにより、シンジケートローンが組成され、想定どおり、優先債権がリファイナンスされた。

残された論点は劣後債権の処理となり、優先債権者団と劣後債権者G社の間において債権者間協定が締結され、優先劣後の規定が厳格に盛り込まれた。G社は担保権を解除し、金利も事務手数料のみになり、また、弁済順位も劣後になっているため、優先債権者は、当該劣後債権を「資本的劣後ローン」とみなしていた。しかしながら、決算報告書上では依然「債務」として計上されており、第2段階として、A社は取引先筋から本劣後債権に関する

処理を求められていた。

　当該劣後債権については、スポンサー候補への売却を試みたが、不調に終わり、最終的にはA社の過半の議決権を保有する代表取締役社長に劣後債権を売却することとなった。

　これにより、取引先にも与信上の安心感が広がり、その後の取引拡大にも寄与した。

　本件は上述のように純粋な貸付債権買取案件ではあるが、2段階での事業再生支援の形態を内包したファイナンスとなった。

5　A社からのコメント

　「他の債権者が担保価値を見出せなかった流動資産・機械設備等についてG社が担保価値を認めたことで、本件の債権売買が成立した。また、一度サービサーに渡った金融債権が銀行団に最終的に戻るなど、当社の再成長にとっても、意義のあるソリューションであった。」

6　他案件への応用可能性

　在庫、売掛債権等の流動資産、機械設備等の固定資産の価値を債権価額に加算することができれば、債権売却の観点からみると、従前に比して高く売却することが可能になり、より適切な価格での債権売買が可能となるものと期待される。

事例 **12**

LBOに用いられるケース(1)
（バス運行業）

1　ポイント

　本件は、バス運行事業者A社の株式を保有していたプライベート・エクイティ・ファンドB社が同株式売却を決定したことに伴い、Bファンドより優先交渉権を獲得したプライベート・エクイティ・ファンド2社（以下、Cファンドおよびファンド）が、BファンドからA社をLBO形式で買収した際に、A社が所有する車両および売掛金を担保にしたABLが買収ファイナンスの一部に用いられた案件である。

・A社は60年以上の業歴を有する事業会社であるが、主業がサービス業であり、これまでの経緯のなかで担保に提供できる土地建物等の所有不動産が少ないことから、従来型の不動産を担保とする資金調達は困難であった。

・動産専門会社G社は、B社がバス事業に使用する車両について、相応の換価価値が見込めると判断し、B社が所有する車両および売掛債権を担保とすることにより、ABLによる買収資金の提供を実現した。

2　事　案

【A社の概要】

項目	概要
業種	バス運行業

売上高	2,000百万円
営業利益	50百万円
有利子負債	100百万円
取引金融機関	メガバンク1行
従業員	250名

　A社は、1950年代の創業でバス事業を展開する事業会社であり、主要事業は観光バス事業と特定運送事業であった。観光バス事業は、旅行代理店から委託を受けて旅客運送を代行するサービスであり、特定運送事業は、事業会社や学校などの通勤・通学ニーズに対応したサービスであった。

　観光バス事業はA社の中核事業であり、貸切バスを旅行代理店が企画するツアー等に提供していた。2012年4月に発生した関越自動車道高速バス居眠り運転事故以降、中小バス会社の管理体制に不安を抱いた多くの旅行代理店が、A社を含む大手バス会社への委託傾向を強めた結果、A社の売上高は増加基調にあった。

　特定運送事業では、大手法人複数社の通勤、通学バスを運営しており、基本的に年間契約に基づく運行となるため事業としての安定性が高いものであった。

　BファンドはファンドのF運用期限に向けてA社の売却を決定し、A社買収を1年以上にわたり検討してきたCファンドが優先交渉権を獲得した。Cファンドは、A社の必要買収資金300百万円を、以下のスキームにより調達した。

① Cファンドが、受皿会社となる特別目的会社（以下、SPC）を設立。
② Dファンドは、SPCと匿名組合出資契約を締結し、100百万円を出資。
③ G社は、A社が所有する車両を担保として、A社に対し200百万円をABLにより提供。A社はSPCに200百万円を貸付け。
④ SPCは、300百万円をA社の株式譲渡代金としてBファンドに支払い、SPCが事業に必要な許認可を取得（株式譲渡後3カ月間で許認可取得を予定）

図表12－1　本件のスキーム図

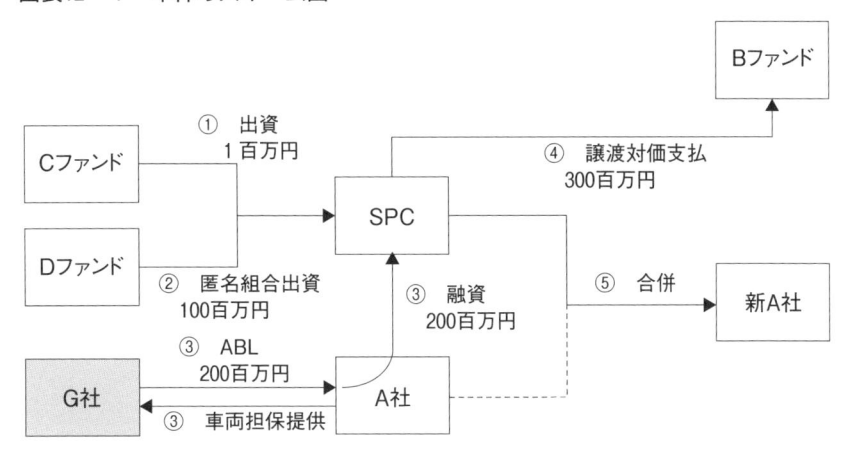

①　出資　1百万円
②　匿名組合出資　100百万円
③　ABL　200百万円
③　車両担保提供
③　融資　200百万円
④　譲渡対価支払　300百万円
⑤　合併

Cファンド
Dファンド
G社
SPC
A社
Bファンド
新A社

⑤　SPCが事業に必要な許認可を取得した後、A社を吸収合併し、SPCを存続会社とする。

3　本件におけるABL

(1) 担保（車両および売掛金）

　本件におけるABLの担保は、観光バス、路線バスおよびマイクロバスなど合計100台のうち、リース中の車両などを除いた80台の車両、ならびに譲渡禁止特約付債権等を除く10社に対する売掛債権であった（担保物の車両再調達価格は下表のとおり）。

対象車両再調達価格	1,800百万円
台数	100台

　A社が担保提供する車両は、商品在庫や原材料などのような流動資産とは

第2章　さまざまなストラクチャリングを用いたソリューション事例　93

異なり、A社が提供する運送サービスにおいて複数年にわたって使用する固定資産であることから、日々内容および量が変化する商品在庫を担保とする場合と比べて担保価値の変動要因は少なかった。

なお、リース車両については、そのリース期間が満了し、当社が所有者となり、それらの車両が追加的に担保提供されることで調達枠の増額につながるケースも想定された。実際、A社についても、SPCがA社の株式譲渡代金を調達した後、数カ月が経過した時点でリース期間が満了する車両10台を追加担保として提供を受けることにより、ABLによる追加的な資金調達を企図した。

(2) エグジット案の検討

① A社の業績が悪化したケース

本案件において、ABL返済期日におけるA社の現預金残高は200百万円内外となることが推定された。過去24カ月間の月次運転資金の最大値は70百万円であり、翌期の売上高増加率から、運転資金はおおむね過去の実績程度で推移することが想定された。これらの事実を考慮した場合、A社の業績および担保評価状況を勘案すると、融資額を減額すればABLを継続することは十分に可能であると判断された。

② A社の業績が好調なケース

この想定においては、X銀行、リース会社等のA社の既存取引金融機関が単独、あるいはG社と共同でリファイナンスを提供する可能性が十分にあると判断された。

③ 担保資産の換価（リクイデーション）

A社が返済資金を確保できない場合、G社は担保資産の換価による回収が可能であると判断した。

4　モニタリングと回収

(1) モニタリング

　G社は、ABLの実行に際して、実行後の担保状況、試算表および資金繰り表等の報告および資料提出を融資の条件とした。担保である車両と売掛金の変動をモニタリングすることとあわせて、A社の資金繰りを把握することにより資金ショートを事前に感知するためであった。

(2) 回　　収

　G社が提供したABLは、当初融資期間が1年であったところ、大手リース会社がG社の担保車両をリースバックすることでリファイナンスするというスキームを提案し、実行から6カ月が経過した時点で融資残高全額の期限前返済がなされた。

5　他案件への応用可能性

　本案件のような手法は、A社のようなバス事業者に限らず、トラック、タクシーなどを保有する事業会社についても応用可能と思われる。また、LBOにおいて、昨今の買収価格が上昇傾向にある環境では、その事業会社が所有する動産の換価価値をより精緻に評価、活用するABLにより、多くの資金調達が可能になると思われる。

トピックス4

担保としての車両

　一般的には動産を担保とする場合、譲渡担保という手法を用いることが多く、対抗要件を具備するには、民法178条の「引渡し」による。動産及び債権の譲渡の対抗要件に関する民法の特例等に関する法律（以下、特例法）が成立したことにより、動産譲渡登記ファイルに登記事項を記録（登記）することにより、集合動産（動産の種類および保管場所の所在地によって特定する方法）、または個別動産（動産の種類および特質によって特定する方法）として「引渡し」があったものとみなされる（特例法3条1項）ことになり、対抗要件を具備できることとなった。実務上は、原材料や商品在庫のように不特定多数の動産を担保とする場合は、担保動産の種類、所在などにより集合動産として動産譲渡登記ファイルに記録（登記）し、機械設備のように動産の種類、製造番号などの特質によって特定可能な動産を担保とする場合は、所在を特定せずに個別動産として動産譲渡登記ファイルに記録（登記）することとなる。動産譲渡登記を用いない方法としては占有改定という方法があるが、この方法は公示性がなく、借入人が積極的に開示しない限り、第三者が担保権の存在を正確に知ることができない可能性がある。

　動産のなかには民法・特例法上の対抗要件とは別に、特別法に基づく登記・登録制度があるものがある。たとえば自動車（道路運送車両法4条、5条）、船舶（商法686条、687条）、飛行機（航空法3条、3条の3）、建設機械（建設機械抵当法3条、7条）等について、すでにこれらの特別法に基づく登記・登録がなされた動産の譲渡は動産譲渡登記の対象とならない。しかし、これらの動産であっても、上記の特別法に基づく登記・登録がなされていないものであれば、民法上の対抗要件の適用があり、動産譲渡登記の対象ともなる。自動車については、自動車抵当法に

基づく自動車抵当権の制度があるが、手続面や登録免許税等の理由により使用される頻度は低い。

　本件の担保物であるバスや乗用車、トラックを担保とする場合、これらのものは道路運送車両法4条に定める自動車登録ファイルに登録を受けていることが多く（製造後販売前の場合等は登録を行っていない）、登録を受けている場合は、上記のとおり、動産譲渡登記による対抗要件の具備ができないため、借入人と担保権者の間の譲渡担保契約に加えて、担保物である登録自動車の登録名義を借入人から担保権者に変更する（移転登録。道路運送車両法13条）という方法をとることが実務的である。これは、車両処分に際しては所有者による手続が必要となるため、担保権者を担保物の所有名義人とすることでその権利が保全されること、借入人を担保物の使用者とすることで、借入人が当該担保物たる車両を継続使用できるというメリットがあるからである。本件でもこの方法によって保全を図った。

事例13
LBOに用いられるケース(2)
(アメリカの百貨店業)

1 ポイント

　本件は、全米大手百貨店チェーンNeiman Marcus（以下、NM社）をプライベート・エクイティ・ファンド（以下、PEファンド）Ares Management, L.P.（以下、Aresファンド）とカナダの年金基金Canada Pension Plan Investment Board（以下、CPPIB）が組んで、PEファンドのTPGならびにWarburg PincusからLBO形式で買収した[10]際に、在庫や売掛債権を担保にしたABLが買収ファイナンスの一部として用いられた案件である（以下はすべて公開されている資料をもとに記載した）。

・LBOはPEファンドが資本を、金融機関が融資を提供することで買収対象会社（本件の場合NM社）の株式を買い取る取引である。通常は金融機関が提供する融資は借入人たる対象会社の全資産を担保とすることが多いが、本件では融資をABLとそれ以外の融資に分け、ABLの貸付人のために、在庫と売掛債権に第１順位担保権を、その他の資産（主に固定資産）に第２順位担保権を設定し、それ以外の融資の貸付人のために、在庫と売掛債権に第２順位担保権を、その他の資産（主に固定資産）に第１順位担保権を設定した。これにより、流動資産を担保に運転資金を融資したい貸付人

10　本件はPEファンドが保有していた事業会社を別のPEファンドに売却した取引で、Secondary Buyoutと呼ばれる。Secondary Buyoutは前の保有者であるPEファンドによって、すでに対象事業会社の経営合理化等が図られていることが多く、企業価値を簡単に上昇させることができないので、新しい買い手は巨額の比較的低利の借入金を導入することで資本のリターンをあげるという手法（レバレッジ効果）に依存する傾向にある。

（ABL貸付人）と固定資産を担保にタームローンで買収資金を融資したい貸付人（キャッシュフロー貸付人）のニーズに応えた。
・ABLの金利はタームローンの金利より安くすることで、借入人の資金調達コストを削減した。
・アメリカのABLは、日本のABLと比べて、貸付人はより担保価値に依存する。本件でも、担保価値（ボロイング・ベース）以下に使用残高を抑えることが求められた。また、借入人の資金繰りが逼迫し、一定の状況に達すると、借入人の入金口座に入金された資金が自動的にABLの返済に充当される仕組み（キャッシュ・スイープ）を用いた。こういったストラクチャーを通じてABLの保全が図られた。

2 事　案

【A社の概要】

項目	概要
業種	百貨店業（高級ブランドを扱う）全米で87店舗を展開
売上高	4,839百万ドル
営業利益	41百万ドル
有利子負債	4,701百万ドル
買収ファイナンス・アレンジャー	Credit Suisse、Deutsche Bank、Royal Bank of Canada、Goldman Sachs、Morgan Stanley
小売店舗販売員	4,400名

　NM社は業歴100年以上を有し、Neiman Marcus（全米41店舗）ならびにBergdorf Goodman（ニューヨークに2店舗）という高級百貨店、Last Call、CUSPというブランド名の中価格帯店舗や小型店舗（全米44店舗）を運営する百貨店チェーンであり、富裕層男女向けのアパレルおよびアクセサリーを販売していた。自社ブランド以外にCHANEL、Gucci、PRADA、Giorgio Armaniといった高級ブランドも扱い、小売店舗を用いての販売以外にオンラインでの販売も手がけていた。

2005年にPEファンドのTPGとWarburg PincusはNM社を総額約5,000百万ドルで非公開化のうえ、買収した。NM社の業績は、リーマンショックの影響で一時的に落ち込んだが、その後持ち直した。2013年に入り、TPGとWarburg Pincusは投資の回収に動き、2013年10月にAresファンドおよびCPPIBがNM社を買収した。この際、必要資金約6,300百万ドルの調達は下記の方法（以下、本件LBOファイナンス）によってなされた。

	（百万ドル）
ABL	75.0（枠は800.0）
シニア有担保タームローン	2,950.0
Debenture[11]	125.0
シニアノート（金利現金払い）	960.0
シニアノート（金利現金払いまたはPIK[12]）	600.0
株式	1,583.3
合計	6,293.3

3 本件LBOファイナンスにおけるABLとその他のファシリティ

(1) ABLとその他のファシリティの関係

本件LBOファイナンスの条件（概要）を以下の一覧表にまとめてみた。

---

[11] アメリカの大企業が資金調達目的で発行する固定金利社債。有担保と無担保の場合があるが、本件では有担保。

[12] PIKとはPayment In Kindの略で、金利を現金で支払わずに元本に上乗せしていく（元加）ことをいう。本件では借入人がシニアノートの金利を元加するか、現金で支払うかを決める権利がある。借入人のキャッシュフローが悪化し、現金で利息を支払うことがむずかしくなった際にPIKを用いると、金利を元加することで、現金の支払を抑制することが可能になる。

まず、コミット額と当初使用・発行額をみると、ABL以外のファシリティは買収時に全額使用されている。一方、ABLはコミット額800百万ドルに対して買収時には75百万ドルしか使用されていない。これはABLの資金使途が一般運転資金であり、株式買取資金ではないということを表している。つまり、買収時点では運転資金のうち、借入金でまかなうべき金額が75百万ドルしかなかったということである。調印時点での巨額の未使用枠は、調印後の在庫仕入資金のためとも考えられるが、将来の業容拡大に伴う運転資金の増加に対応するものともいえよう。

図表13－1　LBOファイナンスの条件（概要）

ファシリティ	コミット金額（百万ドル）	当初使用・発行額（百万ドル）	期限	金利	担保
ABL（コミットメントライン）	800.0	75.0	2018/10	LIBOR+1.75%	有担保
シニア有担保タームローン	2,950.0	2,950.0	2020/10	LIBOR+3.25%	有担保
Debenture	125.0	125.0	2028/6	7.125%	有担保
シニアノート（金利現金払い）	960.0	960.0	2021/10	8.0%	無担保
シニアノート（金利現金払いまたはPIK）	600.0	600.0	2021/10	8.75%/9.50%	無担保
株式	1,583.3	1,583.3	－	－	
合計	7,018.3	6,293.3			

　次に期限をみてみると、シニア有担保タームローン（以下、タームローン）が2020年10月であるのに対して、ABLの期限は2018年10月と短く切ってある。シニアノートやDebentureの期限はタームローンよりさらに後に設定されている。これによって、ABLの期限が最も早く到来することで、ABLが最初に返済される権利を有していることになる。債権の順位としてはシニア

第2章　さまざまなストラクチャリングを用いたソリューション事例　101

債権であるという意味で、タームローンやシニアノートと同順位と考えられるが、債務不履行がない状況で期限が到来すると、ABL貸付人が最初に返済される権利を有していることになる。ただし、NM社が倒産してしまうと、どのファシリティも期限の利益を喪失することになり、ABLが他のファシリティに先駆けて返済されるということはない。

金利と担保に目を転じると、無担保のシニアノートの金利は担保がないということもあり、ABLやタームローンの金利[13]より高く設定されている。Debentureは有担保ではあるものの、担保の対象はタームローンの担保になっていないものか、または担保になっている場合はこれに劣後するという取決めであるので、担保としては弱いことから、これも金利は7.125%と高くなっている。ABLとタームローンの金利を比較すると、ABLの金利スプレッドが1.75%であるのに対して、タームローンのスプレッドは3.25%と差がある。この差は上記の期間の差異と下記の担保の相違に基づいている。ABLとタームローンの担保の概要をまとめると以下のとおりとなる。

	在庫・売掛債権・預金	NM社の株式	その他の資産（主に不動産・設備・無形固定資産）
ABL	第1順位	第2順位	第2順位
シニア有担保タームローン	第2順位	第1順位	第1順位

上記によると、ABLとタームローンは、担保物は同じであるが、対象によって第1順位と第2順位とすることで、順位を分けていることがわかる。つまり、ABL貸付人は売掛債権、在庫、預金（入金口座）といった流動資産に第1順位担保権、タームローン貸付人は株式ならびに不動産や設備、無形固定資産といった固定資産に第1順位担保権を有している。これは、ABL

---

13 米ドル建てLIBORは2013年は1カ月物で約0.2%近辺で推移していたので、ABLの金利は約1.95%、タームローンの金利は約3.45%であったといえる。

貸付人はNM社の流動資産の価値に依存して融資を行うのに対して、タームローン貸付人はNM社のキャッシュフローから導かれる企業価値に依存[14]して融資を行っているということである。両者とも相手側の第1順位の担保物に対して第2順位担保権を有しているが、この第2順位の担保権にはあまり依存しておらず、第2順位の担保権は日本の添え担保のような取扱いとなっている。

　上記の説明をベースにABLとタームローンの金利の違いについて説明する。後述するが、ABLの残高は常にボロイング・ベースという流動資産の担保価値の範囲内に収めることが義務づけられているので、現金化しやすい流動資産の担保価値が常に融資残高以上となっており、安全なファイナンスである。これに対して、タームローン貸付人は借入人の企業価値に依存し、企業価値はキャッシュフローとマルチプルと呼ばれる乗数を掛け合わせて算出される。企業価値の構成要因であるキャッシュフローは時期によって変動し、マルチプルも市場環境等によって変動することから、安定性に欠けるので常に融資残高が企業価値以下に収まっているとは限らず、かつ企業売却は、ABLの担保物である流動資産の処分と比べて換価性の点で見劣りすること等から、ABLよりリスクが高いといえる。金利スプレッドが融資のリスクに見合うものであるとすると、タームローンの金利がABLの金利より高く設定されていることは理にかなっているといえる。

(2)　B／S上の本件LBOファイナンスと担保の構造

　前述の本件LBOファイナンスと担保の構造を、B／Sを用いて図解する

14　タームローン貸付人は不動産や設備、無形固定資産に第1順位担保権を有しているが、これらの担保物の価値に依存したり、その価値の範囲に融資残高を制限したりするようなことはしていない。株式とABL貸付人の担保物以外の資産すべてに第1順位担保権、ABL貸付人の担保物に第2順位担保権を有することで、NM社の企業価値をみて融資を行っている。LBOの対象となる企業では、個別の資産価値の合計より、対象企業が生み出すキャッシュフローをベースに算定される企業価値のほうが通常高いので、ここでは、タームローン貸付人はNM社のすべての価値を個別の担保資産の価値の合計ではなく、企業価値ととらえているのである。

図表13-2　B/S

(単位：百万ドル)

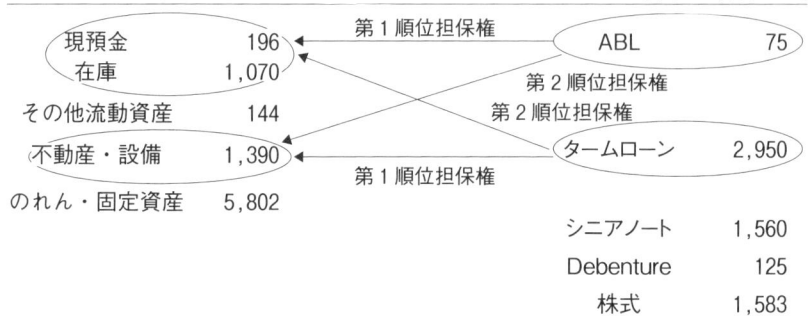

```
現預金         196  ←―第1順位担保権――  ABL          75
在庫         1,070
その他流動資産    144        第2順位担保権
                             第2順位担保権
不動産・設備    1,390  ←―第1順位担保権――  タームローン   2,950
のれん・固定資産 5,802
                                      シニアノート   1,560
                                      Debenture      125
                                      株式         1,583
```

と図表13-2のとおりとなる。

4　本件ABLの融資条件とアメリカのABLの特徴

(1)　本件ABLの融資条件

本件LBOファシリティにおけるABLの条件の概要を以下に記載する。

調印	2013年10月25日
アレンジャー	Credit Suisse、Deutsche Bank、Royal Bank of Canada、Goldman Sachs、Morgan Stanley
形態	コミットメントライン
コミットメント額	800百万ドル
期間	5年（期限：2018年10月25日）
金利	借入人が①または②から選択 ①　Deutsche Bankのプライムレート、フェデラルファンドレート+0.50%、LIBOR+1.0%のなかで最も高いレートをベースレートと定義し、ベースレート+0.75%

	または ② LIBOR+1.75% ただし、上記スプレッド（0.75%、1.75%）は追加使用可能額によって調整される。
コミットメント・フィー	未使用残高に対して年率0.25%
その他手数料	L／C発行手数料、エージェント手数料
資金使途	一般運転資金
ボロイング・ベース	コミットメントラインの使用残高（融資残高とL／C発行残高の合計）はコミットメント額または以下に定義されるボロイング・ベースのいずれか低いほうの金額以下とする。 使用残高がこれを超過した場合は、直ちに借入人は超過額を返済する必要がある。 ボロイング・ベース＝ ① 在庫のNOLVの90％＋ ② 在庫販売に基づく担保適格クレジットカード債権の90％＋ ③ 担保口座預金残高の100％
キャッシュ・スイープ	追加使用可能額（注）が下記金額（最低追加使用可能額）未満となると、担保預金口座にある預金でABLを返済し、その状態が解消するまで、毎日担保預金口座に入金になる資金でABLの返済を行う。
保証人	親会社（持株会社）、現在ならびに将来の100％子会社（ただし海外子会社等の一定のものは除く）
担保	① 在庫、売掛債権、担保預金口座の預金に第１順位担保権 ② NM社の株式に第２順位担保権 ③ その他の資産（主に不動産、設備、無形固定資産）に第２順位担保権
誓約条項	財務制限条項ならびに配当、借入金の期限前返済、投資、買収等の各種制限条項

（注） 借入人は常時、ABLの未使用額（追加使用可能額）を以下の最低追加使用可能額以上に維持しなければならない。
「コミットメント額またはボロイング・ベースのいずれか低いほうの金額の10％」または50百万ドルのいずれか高いほうの金額。

(2) アメリカのABLの特徴

本件のABLの融資条件はアメリカのABLの一般的な特徴を備えている。

まず、アメリカのABLでは、資金使途は一般運転資金となっていることが多く、具体的に特定されていない。したがって、借入人は資金が必要になったときに借り、不要になったときに返済するという方式をとるので、融資の形態は一定の枠となり、コミットメントラインとなることが多い。

次に、アメリカのABLは日本で行われているABLより、担保価値への依存度が高く、借入人の信用面に対する依存度が低い点に特徴がある。ABLにおけるコミットメントラインとそれ以外のコーポレートファイナンスにおけるコミットメントラインの大きな違いは、一般のコーポレートファイナンスでは、借入人はコミットメント額まで、いつでも使用することが可能であるが、ABLの場合はボロイング・ベースと呼ばれる担保価値の範囲までしか使用することができない。つまり、理論的にはABLの貸付人は常に担保価値によって使用残高はカバーされているのに対して、その他のコーポレートファイナンスのコミットメントラインはそういった制限がないので、使用残高が担保価値によってカバーされていないことも十分にありうるのである。

キャッシュ・スイープの項目をみると、最低追加使用可能額を維持できなくなると、まず、それまで自由に使用できていた担保預金口座に留保されている資金がABLの返済に充当され、以降、毎日その口座に入金された資金がABLの返済に使用されることになっている。つまり、借入人が営業活動を通じて受け取る資金を強制的にABLの返済に充当することで、回収の促進を通じて、保全を強化する仕組みになっているわけである。

5　他案件への応用可能性

日本においては、PEファンド主導のLBOは定着しているが、運転資金目

的のコミットメントラインと株式買取目的のタームローンは全資産を共通の担保とすることが通例で、コミットメントラインとタームローンで担保を分けるという慣行は根づいていない。

アメリカでは、①コミットメントラインを提供したがらない機関投資家（たとえばローンファンドや保険会社）とコミットメントラインを提供することをビジネスとしている銀行が存在し、各々の選好に応じて参加するファシリティが用意されていること、②ABLは流動資産の価値で十分カバーされており非常に安全なファイナンスと市場で認識されており、タームローンより安い金利で提供されるので、借入人にとってもABLを用いるメリットがあること等から、LBOファシリティの一部としてABLの活用が定着している。一方、日本ではLBOファイナンスの提供者のほとんどが銀行であるという状況のなかで、あえてABLをLBOファシリティに組み込むことによりストラクチャーを複雑にする[15]ことをしたくないということから、ABLがLBOに用いられることが根づいていないものと思われる。

ABLをLBOファイナンスの一部として用いることを日本で普及するには、中規模の案件で、タームローンの貸付人が単独または複数でも数が少ない場合に、ABLのファシリティをタームローンより安い金利で提供することから試みていくのがよいであろう。交渉相手の数が少なく、金融に通じている相手であれば、うまく機能する可能性は十分にあると思われる。また、本件の実例で、調印時点でABLの巨額の未使用枠があることを指摘したが、これは季節性の運転資金需要、将来の成長を見越した運転資金需要の増加等にABLが対応できるという観点で日本のABLにとっても示唆に富む事象である。

---

[15] 日本では在庫等の動産に第2順位の担保権を設定するには準共有という手法を用い、債権者間協定を締結することが必要となるので、単独のシンジケートローンと比べて契約関係もやや複雑になる。

トピックス5

ブランド価値の活用

　ブランドは有形資産と異なり、その価値評価の難度が高く、日本では融資の担保とする場合も、その価値を貸付人が担保価値に算入することはむずかしいとされている。アメリカではブランド価値を担保として評価することが一般的になりつつあるので、その状況や評価をする際の考え方を以下に紹介する。

　なお、本稿はGordon Brothers Groupのシニア・マネージング・ディレクターであるラファエル・クロッツ氏が2014年5月にThe Secured Lender誌に寄稿した「ブランド価値評価の再考」[1]という論文をもとにしている。

****

　アメリカでは、ABLの担保としてブランドを用いることがますます多くなってきている。従来は、有形資産の価値を補完する程度の単なる添え担保であったブランドが、現在では多くの融資において主要な担保物となってきている。ブランドを主要な担保物にするという現象は、価値はあるものの伝統的な担保物ではないブランドに第1順位担保権を有することでより多くの資金を供給する（融資金額を増やす）第2順位担保権者[2]について特に当てはまる（つまり、銀行等の金融機関は売掛債権、在庫、不動産、機械設備等の有形資産に第1順位担保権を有し、ローンファンド等の機関投資家はそういった有形資産に第2順位担保権、ブランド等の

---

1) "Re-thinking Brand Valuations, Art Meets Science" by Rafael Klotz Featured in the May 2014 issue of The Secured Lender.
2) アメリカでは日本と異なり、全資産を担保の対象とし、それに第1順位担保権を有する貸付人（シンジケート団）と第2順位担保権を有する貸付人（シンジケート団）が存在する。第2順位担保権者はブランド等の無形資産について第1順位担保権を有する場合があり、本文ではそのケースを指している。

無形資産に第1順位担保権を有する状況で、第2順位担保権者はブランドに価値を見出すことによって、融資額を増やすことが可能になる)。その結果、ブランドの評価は、ブランド価値の毀損に伴う評価損の計上、買収時の買収価格の個別資産への割付けといった会計上の目的での通常の評価だけではなく、貸付人が、自らの融資が担保価値でどの程度カバーされているかを判断するに際して必要な評価という位置づけに変わってきている。つまり、ブランドの評価額を担保価値として算入するようになってきているということである。

　ブランドの評価においては、コストアプローチかマーケットアプローチかインカムアプローチかにかかわらず、個別の案件における評価の基本は、借入人の過去、現在の財務諸表や将来の業績計画の精緻な分析を伴うという点では同じである。しかし、融資の主要担保物としてのブランドの評価となると、そういった表面的な数値分析を超えた、より深い分析が求められる。

　ブランドの評価を行う場合、借入人の財務、営業、現在および過去の売上げと粗利益の精緻な検証に加えて、潜在的なブランドの買い手が分析しそうな点に焦点をあわせて分析しなければならない。その理由は、貸付人からの質問のなかで評価会社が回答しなければならない最も重要なものは「融資の回収が必要になった際に、ブランドの買い手が担保物であるブランドに対していくら支払おうとするか？」という質問であるからである。包括的なブランドの評価プロセスを通じてこの質問に回答するには、単にモデルに数値を入れるより遥かに多大な労力を要する。

1　不完全な科学

　ブランドの真の価値を分析するということは、単に借入人のEBITDAまたは収入のマルチプル（乗数）や仮定のロイヤルティ収入のディスカウント・キャッシュフロー（DCF）を用いて価値を算出するということにとどまらない。DCFを用いる分析では、その結果は、予想キャッシュフロー、割引率、ブランド売却時の価値を算出する倍率といった、評

価する者（評価会社）が推定する要因がどの程度正しいかによって大きく影響される。これらの要因がほんの数ベーシスポイント[3]変更になるだけで、ブランドの評価は大きく上下する。いわゆる「ガラクタを入れればガラクタが出てくる[4]」といわれるように、誤ったデータを入力してしまうと誤った結果が導かれる。正確なマルチプル分析やDCF分析を行う鍵は正確なデータを入手し、これを用いて算出し、その結果を実社会で検証することである。

　もし、可能であれば、最近の比較可能なブランド売買事例をみるということは計算式の検証という意味では一つの有用な手法ではある。しかし、比較分析といえども、すべてを網羅しているわけではない。各ブランドはそれぞれに個性があり、時点が異なると異なった潜在的な価値を有するものである。また、借入人の業種が過小評価されたり過大評価されたりしていることで、比較分析自体が誤解を招くという可能性もある。

　実際、ブランドの価値は時々刻々変化する市場動向に大きく依存しており、総合的な経済環境、消費者の選好、（ブランド買収の）資金調達の可能性がどうかといったことにも影響を受ける。また、最も重要なことは当該ブランドの潜在的な買い手がどの程度存在するかということである。たとえば10年前には商標権のライセンスを受けるという目的のみでブランド買収を行う者は実質存在しなかった。今日では、ブランド買収において、事業会社やプライベート・エクイティ・ファンドと競合して、非常に積極的な役割を担う買い手たちがおり、そういった買い手たちは実績もあり、その数も伸びてきている。

　たしかに間違いをせず、精緻であることは重要である。しかし、ブランドの正確な価値は定量的な分析に加えて定性的な分析によって決定さ

3）　1ベーシスポイントは0.01％。
4）　"garbage in, garbage out."　間違えたデータをいくら分析しても正しい結論を得ることはできないということ。

れるのである。つまり、正確で精緻な定量分析だけではブランドの正確な価値は求められない。したがって、貸付人に対して、計算式を用いた評価のみならず、担保物であるブランドをディストレストの状態（借入人の業績が悪化した状態）で処分した際にその結果に影響を与える上記のような主観的要因に関する知見を提供することになる。

　ブランドの価値を適正に評価するには、科学的なこと（定量分析）と同じぐらい芸術的なこと（定性分析）を理解することが肝要である。評価を行うための分析では、借入人の財務諸表に記載されていること以外に、ブランドの価値を決定するすべての主観的なデータを収集し、これを理解することが求められる。

2　芸術家の登場

　ブランドの価値の定性的分析は当該ブランドに対する消費者の見方や好みを理解することから始めなければならない。そして、当該ブランドの既存および潜在的な流通経路、地理的な集中度合い、今後の拡大の機会等についても検証しなければならない。市場における一般的なトレンドに加えて、消費者の当該ブランドに対する認知度、ブランドの歴史、世評等も分析、検証の重要な対象となる。

　また、分析は、当該ブランドが借入人の他のビジネスに対してなんらかの解決策や競争上の優位性をもたらしているかどうかにも焦点を当てなければならない。たとえば、

- だれがそのブランドを使用するのにロイヤルティを喜んで支払うライセンシーとなりうるのか？
- 当該ブランドは卸売業者向けにあっているのか、小売業者向けにあっているのか？
- 当該ブランドは専門小売店舗で販売される商品なのか、第三者の小売店舗で他のブランドの商品と共に販売される商品なのか？
- ブランド購入者にとって魅力的な、当該ブランドに関する消費者に直結するビジネス（通信販売等のビジネス）があるか？

最後に、状況の変化が起こりうるという点も加味しなければならない。製造販売といった垂直モデルからライセンシングやその他のストラクチャーへの変更による販売の中断といったことに加えて、ディストレストの状態での販売（および一般的には通常処分セールになっていくような状態での販売）がブランドの価値に与える悪い影響を見落としてはならない。

　また、可能である限りは、評価者は各々の分野の専門家の意見に耳を傾けるべきである。消費者に関する質問の多くに対する実社会の回答を得るためには小売業者に、現在または近い将来に、特定のブランドを購入する潜在的な買い手について把握するにはM＆Aの専門家に、ロイヤルティ支払と商標権購入の比較についてはライセンシングの専門家に各々相談すべきである。

3　結　　論

　担保目的のブランドの評価には、そのブランドが融資の主要なまたは唯一の担保物である場合は特に、有形資産の評価よりも遥かに大きなリスクが伴う。したがって、ブランドの無形固定資産という特異性と当該ブランドの評価に影響を及ぼす多くの市場要因があるために、有担保貸付人にとって、ブランドを担保とする融資のリスクを完全に払拭することはできない。

　しかしながら、ブランドの買い手の思考回路や定量的および定性的要因を勘案した評価を参考にすることで、そういったリスクについて貸付人は一定の安心感を得ることができる。科学的な分析の結果をどう解釈するかという芸術を通してのみ、ブランドの評価について正確な前提を置き、安心感をもって無形資産の価値に対して融資を行うことができるのである。

＊＊＊＊＊＊＊＊＊＊＊＊＊＊＊＊＊＊＊＊＊＊＊＊＊＊＊＊＊＊

　上記は、ブランド価値の評価について述べられたものであるが、実際にブランドに価値が見出され、売買された事例を以下に紹介する。

Gordon Brothers Group は、苦境にあるブランドや遷移・成長期にあるブランド等の知的財産を自己資金投資として購入、投資し、売却している。これは単独で取引されることもあれば、複合資産の取引のなかの一部として扱われることもあり、知的財産は時に取引全体のなかで最も大きな資産として扱われる。Gordon Brothers Groupのブランド買収・投資は以下の視点で行われる。

- 厳しい業績の企業に保有されているが、その業界のなかでは認知されているブランド
- 優良企業のなかで、経営戦略と合致しないために放置されているブランド
- 確立されているブランドだが、マーケティングや流通を中止し休眠状態にあるブランド
- ライセンス供与の機会の増加や地理的拡大により成長が見込まれるブランド

○事例："Polaroid"
　経営難に直面していたメーカーのブランドに、Gordon Brothers Groupが価値を見出し、そのブランドを買い取ったうえで、ブランドをライセンス事業として継続させ、数十の新たなライセンス先を開拓して再生し、世界規模で成長を遂げている事例である。

　1937年にEdwin H. Landにより設立されたThe Polaroid Corporation（以下、Polaroid社）は、インスタントフィルムカメラで最も有名な国際的家電メーカーであった。2005年にPetters Group Worldwide（以下、PGW）による買収後、Polaroid社は製造メーカーから、世界中のさまざまなメーカーより供給された製品を流通させる卸会社へと変化した。2008年、PGWはPolaroid社の売上げに打撃を与えることとなる法的な課題等に直面したこともあり、最終的にPolaroid社は法的整理（bankruptcy protection）に入った。

　慎重な検討を経て、Gordon Brothers Groupとパートナーは、Polaroid社は法的整理を申し立てたものの、Polaroidブランドは世界中の幅広い消費者の間で相当な価値を維持していると評価した。一方でGordon Brothers Groupは、Polaroid社の資本を必要とする流通ビジネスモデルは潜在的な利益の最大化の妨げになっていると考えた。2009年5月、Gordon Brothers Groupと戦略的パートナーは、ミネソタ州地区の連邦破産裁判所による米国倒産法363条セールによって、Polaroid社のブランドを含む知的財産、有形資産等を買い取った。

　Polaroid社に対する機会と課題の分析により、Gordon Brothers GroupはPolaroid社を流通企業からライセンス使用料をビジネスモデルとする会社に移行させ、積極的にグローバルライセンス契約を締結していった。Gordon Brothers Groupは新しいビジネスモデルにあうよう組織強化を開始し、ミネソタ州を拠点としたライセンスチームの大部分を保持し、買収先のエグゼクティブヴァイスプレジデント兼マーケティングディレクターをPolaroid社の最高経営責任者（CEO）に任命した。

　ブランドの買収以降、Polaroid社は新たな製品カテゴリーについても探究し続けた。同時に、中南米、中国、ヨーロッパや中東などの新しいマーケットにも進出を果たし、多岐にわたる製品カテゴリーにおいて世界中で30を超えるライセンス契約を確保した。さらに、大手映画エージェンシーのWilliam Morris Endeavorや人気歌手のLady Gagaとの戦略的パートナーシップの締結によって、若年層へブランド認知を広げるとともに、流行の最先端を行くイメージを強化した。なお、Lady Gagaは、Polaroid社のクリエイティブディレクター在任中、「Grey Label」シリーズという名の新しい製品ラインを発表し人気を博した。

事例14

在庫を買い取るケース(1)
(アパレル卸売・小売業)

1 ポイント

本件は、資金繰りに窮しているA社に対し、資金繰り破綻を未然に防ぐため、「前年のオフシーズン在庫の買取」という解決策を動産専門会社G社が短い検討期間で提供した案件である。

・G社は、買取を行った対象在庫をすべて即時転売するのではなく、大半の在庫については、販売に適した季節が到来するまで自らのリスク負担で保有したうえで、A社の既存販売チャネルに投入し、対象在庫を現金化し、投資資金を全額回収した。

・G社は、A社の最新在庫と買取済みの前年在庫の適切な販売ミックス、閉店セールや改装セールにおける特殊なプロモーション、在庫管理等のアドバイス等を提供した。

・また、対象在庫販売に伴う売上高の一定比率を販売委託手数料としてA社に還元することで、両社協力して売上高の極大化を図った。

2 事 案

【A社の概要】

項目	概要
業種	アパレル卸売・小売業
売上高	6,500百万円

営業利益	20百万円
有利子負債	2,000百万円
取引金融機関	メガバンク2行、地方銀行3行の計5金融機関（確たるメインバンク不在）
従業員	100名

　A社は若年層男女向けのアパレルブランドを自社で複数保有し、企画・デザインを行い、海外の協力工場にて製造された製品を自社ブランド店舗で小売を行うほか、大手小売企業向けに卸売も行っていた。

　時流をとらえたブランドコンセプトとデザイン性の高い製品への評判が高く、A社は約10年間にわたり増収傾向にあった。各取引行も、おおむね安定成長にみえる業績推移をふまえ、必要資金については各行がそれぞれの判断で与信を供与し支援してきた。

　しかしながら、近時は、各金融機関のなかでA社に対する見方が分かれていたのも事実であった。一部の金融機関では、金融機関対応を担う社長と経営企画担当役員の2名が説明する事業構想に共感し与信を拡大していた一方で、別の金融機関では、事業の拡大と共に在庫がふくれがちで滞留在庫や不良在庫の懸念を払拭できなかったこと、経理担当者が詳細を把握していない感が否めなかったこと等から、融資の増額を謝絶し同額での折返しにとどめていた。

　2009年春に、A社は2009年秋冬シーズンに投入する在庫の戦略的大量発注を行った。A社は当時、自らのトレンド予測に自信をもっており、自社店舗の拡大計画と、卸取引先との取引規模拡大の見込みをもとに、2009年秋冬シーズンから売上規模をステップアップさせることをもくろんでいた。あわせて、協力工場との仕入単価交渉を有利に進めるために、思い切って発注ロットを増加させたことも一要因であった。

　しかしながら、A社の思うほどには戦略商品がヒットしなかったことに加え、店舗開発・営業の人員不足により、自社店舗の拡大や卸取引先における

販売スペースの獲得には至らず、2009年秋冬商品の売上高は伸び悩んだ。Ａ社はブランド価値の維持の観点から、商品の値引きには消極的な方針であり、この時点では資金繰りに対するリスクを感知していなかったこともあり、値引きによる在庫の消化には踏み切らなかった。

　その結果、2009年秋冬在庫はＡ社原価ベースで計画比約500百万円多く売れ残ってしまい、春夏在庫と入れ替わる2010年2月のタイミングでＡ社店頭や卸取引先の店頭から引き上げられ、倉庫でオフシーズン在庫として滞留することとなった。前述のとおりＡ社が当該商品の値引販売に踏み切らなかったため、Ａ社の決算においては計画どおりの売上げの伸びは達成できなかったものの、損益計算書上は粗利益率の低下などが発生せず、手元現預金も枯渇する水準にはなかったことから、Ａ社経理担当者自身や取引金融機関が、半年後の資金面での変調を予測し、対処法を検討するには至らなかった（実際には、計画比約500百万円増加してしまった滞留在庫の存在が、そのまま資金を寝かせることにつながった）。Ａ社は、2010年秋冬商品の発注を抑制し、2010年秋冬商戦では1年前の2009年商品を中心に店頭で展開することで、市場の最新トレンドには若干遅れるため減収要因とはなるものの、大きなダメージはないと考えていた。

　2010年5月中旬、Ａ社経理担当者は、資金繰り計画を作成するなかで、同月末に100百万円、6月末に100百万円の資金不足に陥ることを認識した。このような重大な問題が直前になるまで露見しなかった背景として、Ａ社は幸いにもこの数年売上げならびに入金が順調に推移していたことから、資金繰り計画を策定する必要性がなかったことがあげられる。今回、Ａ社経理担当者が資金繰り計画を策定することとなったのは、前述の滞留在庫発生による資金圧迫を気にしてのことではなく、2010年春夏商品の売行きも計画どおりには推移していないことから、今後の仕入資金・経費の支払等についてやや不安を覚えたためであった。

　この事態を受けて、Ａ社は、取引拡大意欲をみせていたＸ銀行（メインバンクではない）につなぎ融資を相談した。一方、Ｘ銀行は、担当営業部署が

2010年9月末頃のトータル・リファイナンスを目指し、必ずしも前向きではない同行審査部署の理解を得るために、A社の将来性を見極めるための第三者によるビジネス・デュー・デリジェンスを計画していた矢先であった。したがって、かかる事態に対応できるだけの行内理解を得られる状況にはなく、つなぎ融資の依頼に対しては謝絶せざるをえなかった。

相談を受けたX銀行の営業部署は、今回の一時的な危機を乗り切ってA社が再び成長軌道に乗れば、トータル・リファイナンスによって新たなメインバンクとしての取引が可能な事業会社であると考えており、また法的整理の申立て等の事態による既存融資の毀損を避ける意味でも、動産活用の分野で多数の連携を行っているG社に対し、A社の同意を得て、ソリューション支援の依頼を行った。

3 検討されたソリューション選択肢

(1) 売掛債権・在庫担保による融資

G社は、A社の資金ニーズに対し、当初は売掛債権・在庫担保融資（ABL）による資金支援を検討した。

検討の結果、以下の理由により、G社ではABLの取組みがむずかしいと判断された。

① 売掛債権は、クレジットカード会社宛て債権のほか、ショッピングモールやGMS等の店舗賃貸人がいったん回収した売上金であり、これらの店舗賃貸人とA社との間の契約では、いずれも譲渡禁止特約が付されていたため、その解除には相応の時間を要することが必至であったこと。

② 売掛債権ならびに在庫の譲渡登記をすることについて、当時はA社に知識と理解が十分にはなく、検討をするための時間が不足していたこと。

(2) 店頭在庫を含むオンシーズン在庫（主として2010年春夏商品）の買取

　G社は、並行して在庫の買取（真正売買）の検討を行った。買取対象として、店頭に並んでいるオンシーズン在庫（主として2010年春夏商品）を検討した。これらは、現時点で店頭で日々販売されていることから、A社が保有する在庫のなかでは換価性が高く、価値が高い在庫群であることが自明であった。

　しかしながら、場所で特定して在庫を集合動産として担保設定できるABLとは異なり、買取の場合には、買取後しばらく経過すると、「買い取ったG社保有在庫」と「新たに仕入れたA社保有在庫」が、各店舗で混在することになり、それらを常に明確に分別するための手当が必要であった。また、日々計上される売上げについて、G社売上高とA社売上高を区別するためのシステム構築も必要であった。この点を実務的にクリアする準備を万全に整えるためには、数週間の準備・試行期間を要することが見込まれたため、オンシーズン在庫の買取も断念せざるをえなかった。

(3) 倉庫に保管しているオフシーズン・滞留在庫（2009年秋冬・2008年以前の秋冬商品）の買取

　倉庫に保管しているオフシーズン在庫ならびに滞留在庫は、2010年8月頃までの数カ月は店頭に投入されずA社の事業に直接的な影響を与えないことから、会社としては最も抵抗感の少ない方法であった。

　前述(2)で論点となった在庫ならびに売上げの混在リスクについては、買取対象商品を店舗に投入するまでの間で、在庫と売上げをデータ上で峻別するシステムをG社が構築できる見込みが立ったため、買取を実行に移すことが可能となった。

　上記の比較検討の結果、(3)倉庫に保管しているオフシーズン・滞留在庫の買取によって対応することとなった。

4　実行したソリューション

　買取対象となった在庫は、2009年秋冬ならびに2008年以前から滞留している秋冬商品であり、2010年5月当時、オフシーズンであるために店頭には出ておらず、A社倉庫にて次の秋冬シーズンを待っている状態の在庫であった。

対象在庫簿価	685百万円
対象在庫定価	2,290百万円
数量	45万点
G社買取金額	245百万円

　G社は、ABLのために担保価値評価を行うときと同様の評価手法ならびにリクイデーション（換価）シミュレーションを行い、対象在庫を現金化で

図表14－1　本件のスキーム図

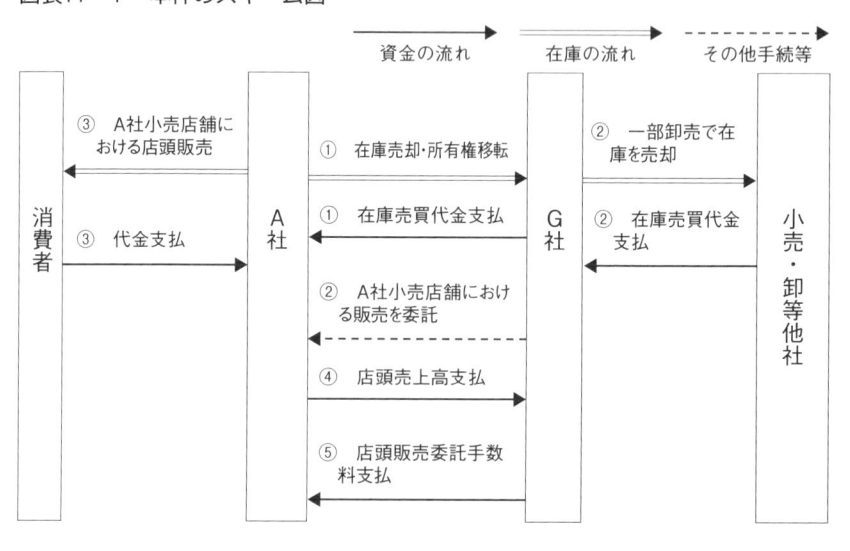

きる金額と、必要な期間、経費、その他リスク要因の予測値の算定を行った。これらをもとに、A社との協議もふまえ、買取金額を決定し、あわせて後述するA社の販売チャネルを活用した在庫換価の際にG社からA社へ還元する「販売委託手数料」の設定を行った。

　G社の買取金額は、「卸売換価」の際の換価金額をもとに算出された。これは、A社が破産等によって事業継続が困難となるなど、A社店舗を使った「小売換価」（消費者へのB to C販売）ができなくなり、G社が倉庫に保有している在庫を卸売によって売却せざるをえない場合の価値である（この場合は、アパレル卸業者・小売業者などへのB to B販売となり、B to C販売よりも大幅に価格が安くなる）。

　なお、「小売換価」と「卸売換価」の構造的な違いについては、非常に重要なコンセプトである。第5章2「動産の評価手法について（173ページ）」ならびに「トピックス8（184ページ）」に詳述しているので、参照願いたい。

　一方、A社への「販売委託手数料」は、A社との共同プロジェクトとしての「小売換価」が継続できることを前提として設定される。前述のとおり、店頭での販売ができる場合には、卸売換価を行うよりも大幅に高い価格での売却が可能である。G社が、A社の店舗の売場、ストアブランド、接客能力の高い従業員の提供を受けると共に、A社に対して販売委託手数料を支払うことによって、G社とA社は、可能な限り対象在庫を店頭で販売し、対象在庫の売上高を最大化するインセンティブを共有することができた。

5 実行後の状況

(1) モニタリング

　G社は、2010年5月末に対象在庫の買取を実行し、買取後、約3ヵ月間A社の倉庫にて保管した。買い取った在庫を現保管場所で保管し続けること

で、移動経費を削減するためであった(なお、買取に際して必要な経費は、買取金額からの減額要因となるため、買い手が提案する効率的なオペレーション・経費削減策を受け入れることは、A社のメリットとなった)。

　2010年8月になり、秋冬商品に切り替わるタイミングで、G社はA社の営業部門をはじめ各部と協働し、季節や店舗に適した商材を各店舗に投入した。また、各店舗における売上データの分析と、各店舗に派遣したフィールドコンサルタントからの報告をもとに、G社が膨大に保有する在庫換価データベースとも照合しながら、商品在庫の振分け、店舗間移動、投入順序の調整、値引率の変更などの最適化をこまめに行い、売上最大化に向けた管理を行った。

(2) 回　　収

　G社とA社は協働して2010年8月より開始した対象在庫の換価を2011年3月に完了した。

　G社は、A社の店舗、ストアブランド、販売人員を活用することで、「小売店舗での換価」を完遂し、売上高からA社への販売委託手数料と各種経費を控除した純回収額によって、買取によって拠出した資金全額を回収することができた。一方、A社はG社からの換価額最大化のノウハウ・人員の支援を受けながら、対象在庫の売上高に連動する販売委託手数料を得た。

(3) A社からのコメント

　「約2週間という検討期間で、さまざまな工夫によって245百万円という金額の資金支援を得られたことは非常にありがたかった。当時資金ショートを避けられたことで、大きな事業毀損を喫することを回避できた。」

　「当社は平常時の在庫の販売については独自のノウハウをもっていると自負しているが、「滞留在庫の換価」は平時のノウハウが通用しないため、値引販売の経験の少ない当社にとってはG社のデータベースに基づく緻密で特殊なノウハウに助けられた。」

6　他案件への応用可能性

　本件のような在庫買取による資金提供は、アパレルや雑貨のような季節性がありオフシーズン在庫を常に保有している会社や、滞留在庫の有効な消化手法を見出せていない会社には、応用可能と思われる。

事例15
在庫を買い取るケース(2)
(靴卸売・小売業)

1 ポイント

本件は、靴卸売・小売業A社の民事再生申立てに際し、動産専門会社G社が在庫買取機能を提供することで、A社の申立て後の事業毀損を防ぎ、同社の再生のみならず、A社の取引先の事業継続にも寄与した案件である。

2 事　案

【A社の概要】

項目	概要
業種	靴卸売・小売業
売上高	3,000百万円
営業利益	150百万円
取引金融機関	メガバンク2行、地方銀行2行の計4行
従業員	50名

　A社は、高価格帯の革靴の専業メーカーとして、主に紳士靴を中心に全国の百貨店や専門店等に販売していたほか、アウトレットモールを含めた直営小売店を約15店舗展開し、業界内においても一定の知名度を有していた。しかしながら、景気低迷に伴う消費マインドの低下の影響などにより業績が圧迫され、3期連続で減収となっていた。

　かかる状況下、A社に対し半世紀にわたり商品を供給し、資金支援も行っ

てきた靴製造業者B社が破産手続開始申立てを行い、またA社にとって最後の頼みの綱であった金融機関からの資金調達ができず、支払手形の決済が不可能となる事態が予測されたため、A社は民事再生手続開始申立てを行うに至った。

　商品仕入れの約80％をB社に依存していたA社は、破産したB社が有していた在庫を仕入れようとしたものの、B社破産管財人がその支払条件を現金一括払いとしたことから、民事再生手続申立て後の不安定な資金繰り状況のなか、再建に向けて資金の流出を抑制しなければならなかったA社には到底応じることができなかった。店頭では販売がピークとなる時期に差し掛かっており、また申立て以降仕入れがストップしていたことからA社の在庫量は事業を継続するうえで限界の水準まで落ち込み、在庫の確保は最大の課題となっていた。A社の商品は発注から納品まで少なくとも1〜2カ月必要であり、また商品の品質を考えた場合、技術的にも代替となる仕入先を見つけることは現実的に不可能であった。

　そこで、事業の継続に必要不可欠な在庫を、B社から仕入れたいと考えたA社の申立代理人が、G社に対し支援を求めた。

3　本件検討時の状況とG社が策定したソリューション

(1)　検討時の状況

　A社がB社から購入を予定していた商品のうち、完成品としてすぐに出荷できる状態でB社の倉庫に保管されていた在庫はわずかであり、その大部分が仕掛品の状態であった。さらに、約半数をB社が、残りをB社が製造を委託していた靴加工業者C社が占有していた。

　ほぼ専属でB社の仕事を受注していたC社は、B社の破産以降、事業停止に追い込まれ、C社の従業員は自宅で待機しながら事態の早期解決を望んでいた。A社にとってさらに悩ましい事態は、B社に対する債権者として、C

社が未払加工賃に基づく商事留置権を主張し、仕掛品の引渡しを拒否していたことであった。

図表15-1　本件検討時の状況

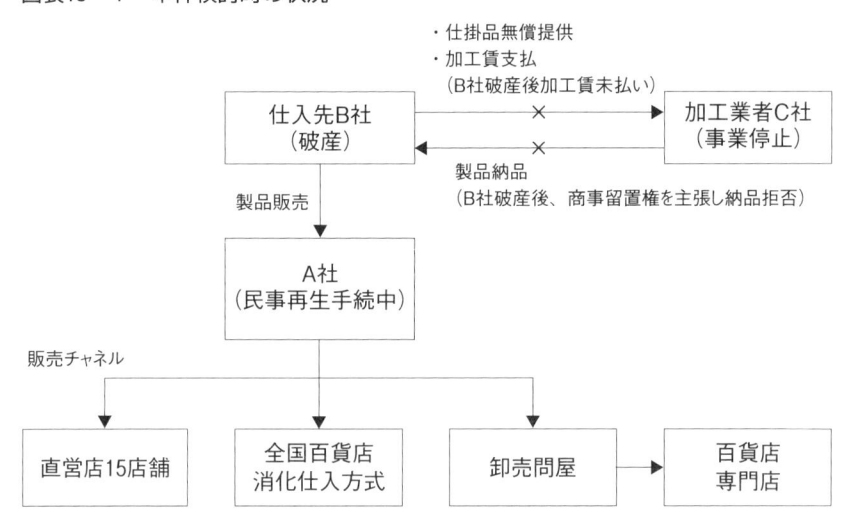

```
                    ・仕掛品無償提供
                    ・加工賃支払
                    （B社破産後加工賃未払い）
   ┌──────────┐  ×  ┌──────────┐
   │ 仕入先B社  │─────→│加工業者C社│
   │ （破産）   │←─────│（事業停止）│
   └──────────┘  ×  └──────────┘
         │         製品納品
         │    （B社破産後、商事留置権を主張し納品拒否）
    製品販売
         ↓
   ┌──────────┐
   │   A社      │
   │（民事再生手続中）│
   └──────────┘
  販売チャネル
    │        │          │          │
    ↓        ↓          ↓          ↓
┌────────┐┌────────┐┌────────┐┌────────┐
│直営店  ││全国百貨店││卸売問屋││百貨店  │
│15店舗  ││消化仕入方式││        ││専門店  │
└────────┘└────────┘└────────┘└────────┘
```

(2) G社が策定したソリューション

上述の状況において、関係当事者のニーズは以下のとおりであった。

A社	店頭への早期商品供給 仕入資金の工面
B社 （破産管財人）	破産管財事件の早期終結
C社	工場の早期再稼働 B社からの未払い加工賃の回収

関係当事者に共通していたニーズは、各当事者が置かれた現状の早期打開であった。そこでG社は、以下のとおり全関係当事者のニーズを満たすソリ

ューションを策定し、検討依頼から3週間後に実行に移した。

[ソリューションの内容]
① 第一に、C社の再稼働なしには仕掛品が完成品とならないことから、仕掛品を占有し、加工を請け負うC社の事業を再開させることが最も重要な課題であった。そこでC社の再稼働、およびC社が主張していた商事留置権を消滅させるため、本来B社が支払うべき未払加工賃を、A社がB社にかわり支払うこととする。
② G社が、C社が未払加工賃を受領し、それに伴って商事留置権を解除したことを確認する。
③ G社が、B社との間で在庫の仕入れに関する売買契約を締結し、B社に対する入金を行う。B社は、G社からの入金を確認した後、B社が占有していた在庫およびC社が占有していた在庫について、それぞれ占有改定および指図による占有移転によって所有権をG社に移転させる。
④ G社が、B社から買い受けた在庫について、A社と売買契約を締結。G社は、B社およびC社に対し占有移転の指図を行い、所有権をA社に移転させる。
⑤ C社が、A社の指示により生産を再開。
⑥ B社の倉庫に所在していた一部の完成品については、店頭へ出荷。

[G社とA社間の取引の概要]
・買取価格：35百万円
・取引足数：7,500足
・支払条件：延払い
・延払期間：6カ月

4 本件においてG社が負った回収リスクに対する対応策

① 回収期間中のA社の月次資金繰り予定表を入手・精査し、回収期間中における資金繰り破綻リスクは低いものと考えられた。

② 取組み後、月次ベースでの資金繰り実績表の提出を要求し、モニタリングを行った。
③ 牽連破産に移行した場合においても、G社のA社に対する延払い債権は財団債権となり、優先的に弁済を受けることが可能である。ソリューション実行時点で想定された破産財団総額および財団債権総額を比較した結果、回収に特段の懸念はないと判断された。
④ A社の事業価値を見込んだスポンサーが複数社名乗りをあげており、再生可能性が高いと判断された。

5 実行後の状況

G社が策定したソリューションおよびその迅速な実行により、C社は生産再稼働を果たし、仕掛品は次々と完成品となっていった。そうして、A社が展開する直営店舗の店頭に順次商品が供給され、A社の事業は通常の状態に戻り始めた。

ソリューションの実行から半年後、A社の事業は安定的な推移をみせ、G社に対する支払を滞りなく完了させた。

その後、大手靴メーカーが事業再生を目的としたスポンサー契約を締結し、同スポンサーの支援を得てA社の事業は継続されていくこととなった。

6 他事案への応用可能性

本件はG社が、製品および仕掛品をB社から一括購入してA社へ売却し、A社の仕入代金を延払いとすることによりファイナンス機能を提供することで、仕入再開により早急に通常の営業循環に回帰したいA社、在庫の早期売却（破産事件の解決）を実現したいB社（破産管財人）、工場操業の再開を望むC社という利害関係者全員の問題を解決した案件である。

本件のように、破産した会社から仕入れをしなければならない民事再生手

続中の企業に対しファイナンス機能を提供するという状況は、決して多くはないであろう。本件は、そのファイナンス形態こそ、A社にとっては延払いによるキャッシュアウトの抑制ではあるものの、その本質は動産を活用した在庫仕入資金の調達である。すなわち、資金繰りに窮し、仕入資金もままならない企業が、その事業の継続のために必要不可欠な仕入資金を調達したということであり、この観点で考えれば、本件の手法を活用して手を差し伸べることができる企業は少なくはないであろう。

第3章

アセット・ベースト・ソリューションにおけるモニタリング

事例16

モニタリングにより早期に債務者の危機を察知し、回収につながったケース
(アパレル卸売・小売業)

1 ポイント

　本件はアパレル卸売・小売業者宛てABLにおいて、案件固有のモニタリング項目を設定し、きめ細かいモニタリングならびに粘り強いヒアリングが融資回収に奏功した事例である。

　融資実行前のデュー・デリジェンスで把握した業界慣行である「買戻条件付販売」に着眼し、モニタリング項目として返品金額を設定し、期中の返品金額推移および資金繰りのモニタリングを通じて借入人A社の業況変化をタイムリーに察知した。その後、度重なるヒアリングを通じて架空売上げ等の事実を掌握し、融資回収に向けてA社と交渉を行い、リファイナンスを通じて全額回収を実現した。

2 事　案

　A社は老舗アパレル卸売兼小売業者であり、認知度の高いブランドを保有し、小売部門においては直営店や百貨店等に対して、卸売部門では大手量販店や小規模小売事業者に対して販売を行っていた。事業再生ファンドであるBファンドがA社を買収後、店舗閉鎖、所有不動産等の売却、人員削減等のリストラを敢行。事業規模の縮小こそ余儀なくされたものの、売上高の減少も底を打ち、コストカットが寄与した結果、4カ月連続で単月黒字化を達成。再生に弾みをつけようとしたその矢先、東日本大震災に端を発した全国

的な消費低迷の影響を受け、再び事業は低迷し、資金繰りは下降線をたどり始めた。

【A社の概要】

項目	概要
株主	事業再生Bファンド
業種	アパレル卸売・小売業
従業員数	200人
売上高	6,000百万～7,000百万円
在庫残高	1,000百万～1,500百万円
取引金融機関	メガバンク2行ほか、地方銀行等数行
債務者格付	融資実行時：要注意先レベル 融資実行後の決算にて正常先となった模様

再生計画の実行に不可欠となる仕入資金確保のため、Bファンドから動産専門会社G社に対し、A社に対する動産担保融資の検討依頼がなされた。2011年4月、G社は在庫のみを担保として動産担保融資を実行した。

初回融資実行日	2011年4月
融資期間	12カ月
融資実行金額	200百万円
限度貸付枠	450百万円
出口戦略	Bファンドによる新スポンサーに対しての株式売却に伴う、新スポンサーまたは金融機関からのリファイナンスを想定

融資実行後、A社はさらなるコストカットを推し進め、業績は一定の水準まで回復した。この時点において、Bファンドによるエグジット活動も継続的に行われており、事業の回復と好決算を見込んでいたため、買い手を選考

するという強気の状況であった。また新規金融機関から無担保での調達を受ける等、A社を取り巻く状況は好転していた。これを受け、G社も同様に、追加貸付の実行、融資期限の延長に応じた。

追加貸付実行	2011年9月
追加貸付金額	60百万円

第1回融資期限延長	2012年4月
融資期限延長期間	12カ月
融資残高	260百万円
限度貸付枠(注)	350百万円

(注) 第1回融資期限延長では、在庫残高の減少による担保評価額の減少に伴い、限度貸付枠を引き下げている。

　G社による融資の実行から1年半後、保有していた物流倉庫を売却して債務を圧縮したことから、資金繰りは大幅に改善した。メイン行に対しては、物流倉庫売却代金をもって借入金全額を返済した。

　G社の融資実行から2年後、業況は急激な悪化に転じ、A社の資金繰りは危機的な状況に陥ることとなったが、G社は、A社のアパレル業界における商慣習およびA社自体の事業上の特性等を理解したうえでの徹底したモニタリングに基づき、第2回融資期限延長時に融資の段階的な回収を行う方針を事前に固めていた。この方針決定の後に到来した融資期限において、元本の一部弁済を要請し、融資期限を6カ月に短縮した。またモニタリングを強化することで、元本回収リスクの低減を図った。

第2回融資期限延長	2013年4月
融資期限延長期間	6カ月
融資残高	210百万円
限度貸付枠	250百万円

第 2 回融資期限延長から 3 カ月後の2013年 7 月に、A社の資金調達活動が成功し、A社はX銀行からリファイナンスを受けることとなり、G社の融資は期限前返済により全額回収となった。

　一方で、BファンドはA社の新たなスポンサーを見つけることができず再生を断念したことから、X銀行によるリファイナンスの 3 カ月後A社は破産手続開始の申立てを行うに至った。なお、G社の融資をリファイナンスしたX銀行に対し提出された融資検討資料には、虚偽の情報が含まれていたことが後に明らかになった。

3　モニタリング

　G社が融資期間中において重点的にモニタリングを行っていた項目は以下のとおりである。
① 　事業計画と実績の推移
② 　在庫残高の推移
③ 　返品金額の推移
④ 　既存金融機関との交渉状況／資金繰り
　それぞれの項目について、当時のG社の見立ては以下のとおりであった。

(1)　事業計画と実績の推移

　融資実行から 1 年間程度は、業績が回復し安定的な推移をみせていたが、2012年 9 月、売上高および営業利益率に異常が発生した。A社によれば、在庫処分を行ったために利益率が低下したという説明であった。その後営業利益率は徐々に前年同様のトレンドに回帰するが、9 月以降売上高は計画を達成することはなかった。

(2)　在庫残高の推移

　2012年 8 月以降の在庫残高は例年並みの水準であり、特に異常はみられな

図表16−1　売上高・営業利益率　計画および実績の推移
　　　　（2012年3月〜2013年2月）

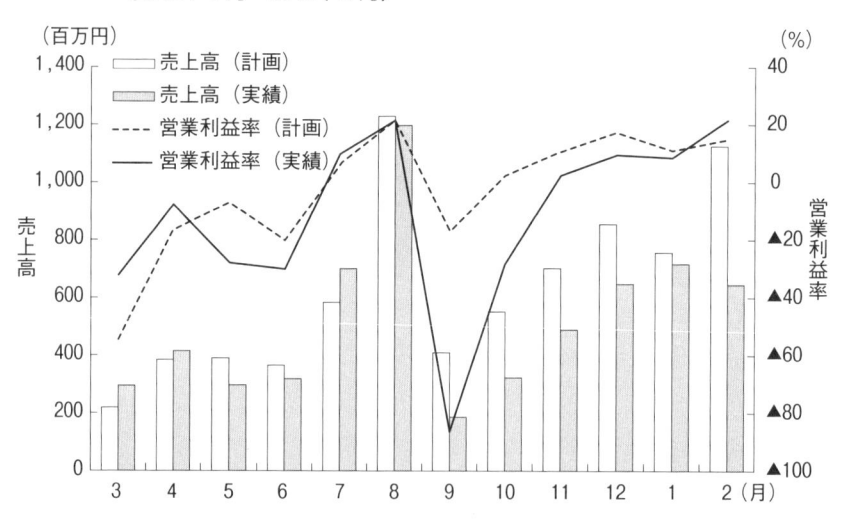

図表16−2　在庫残高の推移（2010年3月〜2014年6月）

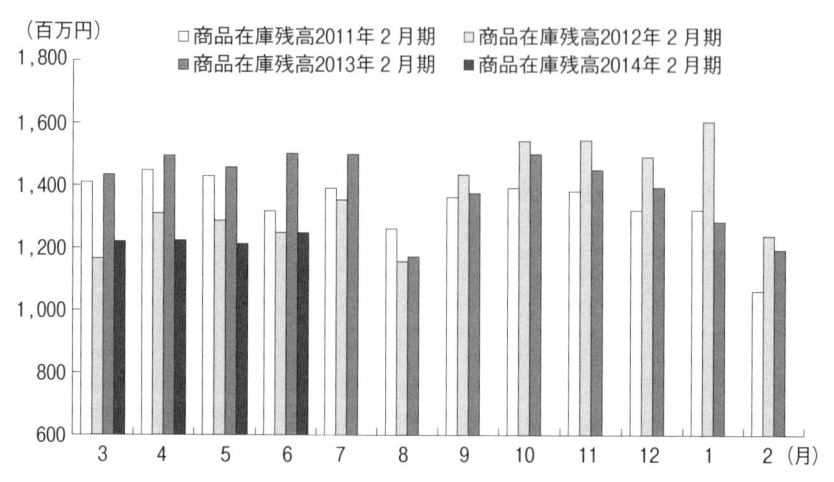

い状態が継続。2013年2月期における3〜7月は、販売機会損失を発生させないという経営判断を受け、計画的に仕入れを増加させていたという明確な

図表16－3　返品金額の推移（2010年4月～2013年6月）

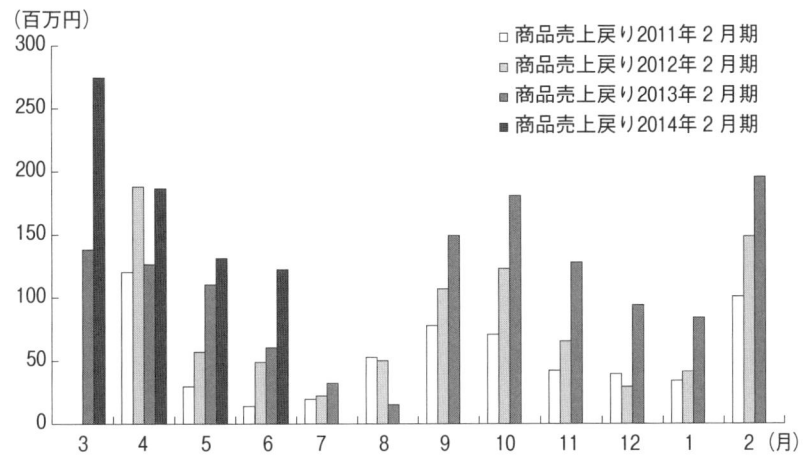

(注)　2011年2月期および2012年2月期における3月の数値は不明。

理由が存在していた。

(3) 返品金額の推移

　A社の売上高トレンドにおいて、8月および2月の中間・本決算月の押込販売（買戻条件付販売）が常態化しており、翌月からそれらの商品の返品が開始されるトレンドがあることをG社はデュー・デリジェンスの段階で把握し、返品金額をモニタリング項目としていた。返品金額の月次推移は図表16－3に示されるとおりである。

(4) 既存金融機関との交渉状況／資金繰り

　決算月である2013年2月、売上高が計画数値を40％下回り、当期損失が確定することとなった。2013年3月、翌月の融資返済期限が迫るなか、返済原資が不足することが予測されたため、返済期限延長手続に向けてG社が検討を開始した。

　他方、当期損失の発生に伴い、検討を依頼していた銀行からの新規融資、

既存行からの折返し融資がなされないことが確定し、早晩資金が枯渇することが予測されたため、Ｇ社は資金繰りおよび資金調達状況について毎日ヒアリングを行った。

資金ショートを回避するための調達手段について質問するものの、ＢファンドおよびＡ社財務担当者は「調達はできるので問題ない」という主張を繰り返し、具体的な調達方針等は開示されない状態が続いた。

その後、Ｂファンドのその他投資先への在庫の一括売却により、短期的な資金の調達を行っていたことが判明する。これに対し、Ｇ社は、当該売買は通常の営業活動の範囲を超えた在庫販売に該当する担保権の侵害行為であり、期限の利益喪失事由である旨を通達。また、当該売買が買戻条件付きとなっている可能性を指摘したところ、ＢファンドおよびＡ社はそのような事実はないと回答。Ｇ社は、当該売買に係る契約書の提出を求め、これに応じない場合は、融資期限の延長を謝絶し、担保権の実行も辞さない旨を通達。

最終的にＡ社から提出された契約書により、買戻条件付販売であることが確認され、在庫の飛ばし行為であった事実が明らかとなった。

4　モニタリングの強化

Ａ社の財務状況が悪化するなか、2013年4月末時点での第2回融資期限延長時、Ｇ社は延長の条件として一部元本の返済を要請。債務者の財務状況が予断を許さない状況になっていると判断したＧ社は、さらに以下のモニタリング資料の追加提出義務を定めた。
・個社別売掛債権残高一覧表の提出
・日繰り資金繰り表の隔週次での報告義務化

Ｇ社は在庫のみを担保に融資を行っていたため、当初は売掛金に関する資料を月次モニタリング資料に含めていなかったが、返品金額のモニタリングに基づき、売上高水増しの疑義を抱いたＧ社は、個社別売掛債権残高一覧表の提出を義務づけた。この一覧表のモニタリングにより、資金繰りに窮し始

めた2013年４月から、ある特定の得意先への売上高が急激に増加していることが判明した。

　当該得意先は零細企業であったが、A社はそのような企業に対して月額60百万円にものぼる売上高を計上し、大手小売量販店を差し置き、A社の得意先のなかで最大の売掛先となっており、不自然なものであった。また、売上げの証憑としての出荷伝票を得るためだけに、大量の商品を出荷し、得意先の倉庫へトラックを回し、トラックから商品を降ろすこともなくそのまま自社倉庫へ持ち帰るという不正経理操作も行っていた（なお、同社に対する売上げは架空売上げであったことがA社破産後に判明した）。

5　融資回収につながったポイント

　G社はデュー・デリジェンスの際に、業界の商慣習である「買戻条件付販売」について把握していたことから、モニタリングの項目として返品金額を設定していた。この返品金額の推移および資金繰りのモニタリングにより、早期にA社の状況の変化を察知することができた。

　買戻条件付販売については前述のとおりであるが、この取引を行うことで、A社はとにかく売上高を増加させ、既存取引金融機関に対し、業績があたかも事業計画どおりに進捗しているように見せかける努力を行っていたのである。一時的に売上高は増加し、利益も計上されることとなるが、得意先側で販売しきれない在庫は結果的に返品を受けることとなる。

　在庫残高の水準が過去の水準から大きく乖離しなかったのは、膨大な量の返品を受けていた一方、仕入れを抑制することで資金繰りをコントロールしていたことによるものであることを、G社はモニタリングにより確認していた。このような状態が継続すれば、在庫の内容は悪化し、店頭で販売すべき新商品が減少し、事業の継続に多大な影響を及ぼすことが懸念された。返品の金額はもはや異常な水準に到達していた。この返品は、マーチャンダイジングが機能していない可能性、すなわち、アパレル企業の生命線となる売れ

筋の商品が仕入れられていないという、より深刻な事態をも意味していた。これに加え、店舗の実地調査時の店員に対するヒアリングにおいて、売れ筋の商品を本部に要求しても店頭にはなかなかデリバリーされず、さらに悪いことには在庫切れという状態に陥っていたことが確認されていた。

　上記事態を招来した背景は、Bファンドが行ったリストラにより、デザイナーの人数が減少し、魅力的な商品が生産されず、また消費者の動向をダイレクトに知る直営店舗からの要請に対し本部側で対応することができず、加えて資金繰りの帳尻あわせのために仕入れを削減するなど、マーチャンダイジングが犠牲にされたことで、売れ筋の商品に在庫切れが発生し、販売機会を逸するという負の連鎖であった。

　G社はモニタリングの結果のなかで異常と判断した点について、合理的な回答が得られるまで、ヒアリングを継続していた。特に前述の零細企業への架空売上げについては、A社財務担当者も言い逃れができず、その指摘を認めざるをえなかった。

　A社は、架空売上げ等の不正行為についてG社が把握していることを認識し、少なくとも次回の期限延長は不可能と判断し、自主的に他の金融機関によるリファイナンスを模索し、結果としてその他金融機関によるリファイナンスが行われ、G社の融資の全額返済につながったのである。

6　他案件への応用可能性

　本件では、融資実行前のデュー・デリジェンスに基づいて返品金額をモニタリング項目として設定したことが与信管理上非常に有効に機能した。

　加えて、融資の期限延長時に、当初に定めたモニタリングの頻度を引き上げ、追加資料（本件では個社別売掛債権残高）の提供を要請した結果、架空売上げを発見するに至った。融資後のモニタリングの結果に応じて想像力を働かせ、注視すべき項目を臨機応変に追加することも重要となろう。

事例17

借入人の入金を担保口座に集約し
キャッシュ・スイープをセットするケース
(アパレル卸売・小売業)

1 ポイント

　本件は、アパレル卸売および小売業を営むA社に対し、融資のリファイナンス時に、在庫および売掛債権を担保にABLを実行した金融機関であるXファイナンスが、借入人の顧客からの入金をXファイナンスのために担保権が設定された口座に集約し、その担保口座に入金された資金を毎日Xファイナンスの口座に自動的に送金しABLの返済に充当するストラクチャー（キャッシュ・スイープ）を用いた案件である。

・借入人A社への顧客からの入金は質権を設定した普通預金口座に集約され、出金はABLを引き出した代り金が入金される別口座を通して行うことで、借入人の顧客からの入金と出金が分別管理され、Xファイナンスにとって資金繰り、キャッシュフローの管理が容易になった。また、売上代金等の入金された資金はABLの自動返済に充当されるので、借入人A社はABLの引出しを止められると資金繰りに窮するため、融資契約の変更や修正が必要となる場合は、事前にXファイナンスに相談するようになり、貸付人と借入人のコミュニケーションが改善し、粉飾等の詐欺行為の未然防止に役立った。

・A社にとっては、入金された資金が融資の返済に充当されるので、資金を留保し融資を返済しない場合より支払金利が節減された。また、A社にとっては、入金はABLの返済につながるので、より早く、より多くなるように、出金はABLの使用につながるので、より遅く、より少なくなるよ

うに意識することで、運転資金需要ならびに経費削減を自ら行う動機を与えることになった。

2 事 案

【A社の概要】

項目	概要
業種	アパレル卸売・小売業
売上高(注)	30,000百万円
営業利益(注)	▲2,500百万円
有利子負債(注)	10,000百万円
取引金融機関	リファイナンスに伴い15行から数行に削減（メインバンクはメガバンク）
従業員	1,800名

(注) ABLを実行した決算期の数値。

　A社は業歴50年以上を有する老舗のアパレル業者で、さまざまなアパレル品を取り扱う卸売・小売業者で小売店に卸すほか、自社店舗や百貨店・モール等に出店し個人向けに販売。確立した自社ブランドを有し、販売は中高年の富裕層を主体とした安定的な固定客への依存度が高かった。

　融資を検討していた時期は、A社の製品の市場は大幅に縮小し、A社も同業者と同様、売上げを維持していくのが精一杯であった。資金調達は、15行程度の銀行と取引があり、各銀行が期限、金利、担保等について異なる条件であった。

　A社の業績が低迷しだすと、取引銀行のなかには融資の継続時に金額を減らしたり、融資の継続を渋ったりするところが出てきた。業績回復のメドが立たない状況で、メインバンクは脱落していく銀行の融資のリファイナンスにすべて応じていくには担保の余力がなくなってきていた。

そういったなかで、XファイナンスがA社の保有するアパレル品在庫と売掛債権を担保にABL5,000百万円、メインバンクが他数行と不動産担保融資（シンジケートローン）5,000百万円を実行し、既存融資を一括リファイナンスした。

3 入金口座の集約と担保権設定ならびにキャッシュ・スイープ

上記の一括リファイナンスの際に、Xファイナンスは、A社の顧客からの入金をメインバンクの普通預金口座に集約するようA社に依頼し、当該普通預金口座に質権ならびにキャッシュ・スイープを設定することを条件とした。これは主にアメリカのABLで用いられている保全方法を日本で応用したものである[16]。

(1) 入金口座の集約と担保権設定

通常、一定規模を有する企業の場合、複数の銀行口座を保有している。融資を実行してくれた銀行に口座を開設することが基本であるが、それ以外に拠点や部署ごとに口座を開設したり、売掛債権の入金用や、現金売上入金用、給与支払用といった目的別に口座を開設したりすることが多いようである。会社によっては、入金額が取引銀行の融資シェアに対応するように気を配っているようなところもある。

入金口座の集約とは、通常、借入人の顧客からの入金は複数の口座で受けているところを、一つの口座を決めて、その口座に原則、すべての入金がなされるようにすることである。そして、その口座に貸付人（ABL貸付人）を担保権者とする担保権を設定する。

---

16 アメリカでは、入金を担保口座に集約することと、同担保口座にキャッシュ・スイープを設定するという二つをあわせて、「現金を支配する」という意味で「キャッシュ・ドミニオン（Cash Dominion）」と呼んでいる。

実務としては、従来別の口座に振り込んでいた取引先に連絡して、今後は貸付人が担保権を有する担保口座に入金するように依頼することになる。この過程で取引先にコンタクトすることになり、送金口座変更の理由を問われることを嫌がる借入人もいる。実際には、商品代金の請求書に振込口座の変更依頼を添えて取引先に送付することになるが、借入人名義の口座への変更であればスムーズに行われることが多い。取引先への振込口座変更依頼の手間を軽減するという意味で、すでに入金が多いメインバンクの口座を担保口座に指定するのが有効である。

　入金口座への担保権の設定は、預金の返還請求権に質権を設定することになり、日本では当座預金への質権設定は困難であるので、担保預金口座は普通預金口座となる。質権の設定には、当該銀行の承諾が必要で、本件のように、銀行が第三者の融資の保全のために自行預金に質権設定を認めることは、現状の銀行実務では異例な扱いであり、ケースによっては質権の設定を承諾してくれないこともある。こういった場合には、担保口座と後述するキャッシュ・スイープをサービスとして提供する外国銀行を用いることも一考に値する。ただし、外国銀行を用いると相応の手数料が借入人に発生するので、ファイナンス費用の増加要因となることには留意を要する。なお、アメリカでは担保権者（ABL貸付人）、担保権設定者（ABL借入人）、口座を有する銀行の三者で数ページの契約書を締結することが一般的に行われているので、口座に担保権ならびに後述するキャッシュ・スイープを設定することは日本に比べて容易である。

(2) キャッシュ・スイープ

　キャッシュ・スイープとは、担保口座に入金された資金を毎日、一定時刻にほぼ全額[17]を貸付人の口座に送金し、貸付人はこの資金をABLの元本返済に自動的に充当することをいう。日本でも大企業等で、親子間の資金移動を

17　担保口座に少額の残高を残す場合もある。

毎日行うことで、グループの資金を効率的に運用することが行われているが、この仕組みを応用することで対応できるし、前述のとおり、外国銀行では一種の商品となっている。できれば、この資金移動は毎日自動的に行われるのが望ましいが、たとえば1週間に1回等、一定期間ごとに借入人が貸付人の口座に送金するという方法もありうる。しかし、借入人に送金を委ねると、融資回収時に貸付人が資金に対して完全なコントロールを有していないので保全面では弱くなる。

(3) 担保口座への入金の集約とキャッシュ・スイープ設定の意味

担保口座に入金を集約し、この口座にキャッシュ・スイープを設定すると、借入人が受け取る資金は全額ABLの元本返済に充当されるので、借入人が営業等の目的にこれを使用することができない。買掛金や支払手形の決済、給与や光熱費等の経費の支払の資金は、別途ABLを引き出し、その代り金は担保口座以外の口座に入金し、その口座の資金を借入人が自由に使用することになる。これを図解すると図表17-1のようになる。

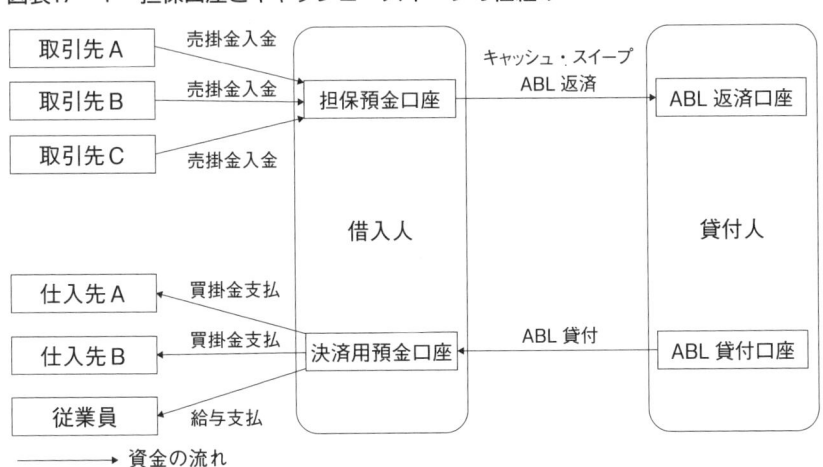

図表17-1　担保口座とキャッシュ・スイープの仕組み

4 モニタリング

(1) 貸付人によるモニタリングとその効果

借入人の入金を担保口座に集約し、キャッシュ・スイープを設定すると、担保口座への入金額がABLの返済額と等しくなる。したがって、ABLの返済額をモニタリングしていると、借入人の入金のパターンを把握することができる。一方、必要資金はABLを引き出してまかなうことになるので、ABLの引出し状況をモニタリングすることで、借入人の日常の資金需要のパターンを把握できる。借入人の顧客からの入金状況と資金需要の把握は資金繰りをモニタリングするうえで非常に重要である。たとえば、毎月末に大きな入金があるはずにもかかわらず、月末も翌月初にもそういった入金がなかったとすると、大口の取引先の入金が遅れているか、集約したはずの入金が他の口座になされている可能性を疑わなければならない。また、たとえば、毎月25日に給与の支払があり、月末に買掛金や支払手形の決済がある場合は、支払日の前日ぐらいにまとまった金額のABLの引出しが行われるが、それとは別の日に巨額の引出しの依頼があった場合には、通常の資金需要以外の需要が発生していることを疑わねばならない。このように、現金の動きをモニターすることで、詐欺的な行為を未然に防ぐ、または行われた直後に対応できるというメリットがある。幸いにして前述の事例ではそういった事態はなかったが、別の案件で、粉飾の懸念が報じられたのを機に貸付人がABLの引出しに応じず、キャッシュ・スイープにより、一定金額を順次回収した事例がある。

借入人は、もし、詐欺的な行為を行ったり、またはそういったことを疑われたりすると、貸付人がABLの引出しを謝絶する可能性があることを了知している。もし、入金された資金がABLの返済にもっていかれ、資金調達源であるABLの引出しに応じてもらえないと、借入人の手元現預金残高は

日々減少していくことになり、最終的には資金繰りが破綻することになるので、そういった事態にならないように貸付人に対して、コミュニケーションをよくして、真摯に対応することになる。たとえば、後々、融資契約の変更や修正が必要になるような場合は、事前に貸付人に相談するようになるのである。粉飾等の詐欺的な行為は早期発見も大切であるが、そういった行為をさせないように借入人を動機づけ、未然に防ぐということはより重要である。

(2) 借入人にとっての効果

借入人にとっては、入金が一つの口座に集約され、出金はABLの引出しによって資金を手当することになるので、全社ベースでの入出金管理が容易になる。

それ以外には、財務・経理の立場で考えると以下の動機が働く。

まず、入金管理の観点では、より早く、より多く現金を捻出しようという動機が働く。なぜならば、より早く、より多くの現金を捻出できれば、より早く、より多くの借入金（ABL）を返済できるからだ。そして、これによって支払金利を節約することができる。より早く、より多くの現金を捻出するには、売れずに長期間滞留している在庫をディスカウントしてでも早期に処分する、延滞している売掛債権を督促して、場合によっては一部債権を放棄してでも残額を支払ってもらう、売掛債権や受取手形の期間を短縮するといった方法が考えられる。

次に、出金管理の観点では、より遅く、より少なく現金を支払うようにしようという動機が働く。なぜならば、現金の支払をより遅く、より少なくすれば、ABLの個別の引出しはより遅く行われ、金額もより少なくなるからである。そして入金と同様に、これによって支払金利を節約することができる。より遅く支払うには買掛金や支払手形の期間を長くすることである。より少なく支払うということは、経費を節減することである。

つまり、動機づけのとおり会社が行動すると、在庫や売掛債権が減少し、

第3章 アセット・ベースト・ソリューションにおけるモニタリング 147

図表17-2　A社の財務諸表

(単位：百万円)

	Year 1 (実行2年前)	Year 2 (実行1年前)	Year 3 (ABL実行)	Year 4 (実行後1年)	Year 5 (実行後2年)
売上高	30,000	30,000	30,000	20,000	15,000
償却前金利前利益 （EBITDA）	2,300	2,000	▲2,000	500	▲2,000
売掛債権・ 受取手形(1)	3,000	3,000	3,000	2,000	1,000
在庫(2)	40,000	30,000	16,000	10,000	8,000
買掛金・ 支払手形(3)	1,000	500	500	500	500
運転資金需要 (1)+(2)-(3)	42,000	32,500	18,500	11,500	8,500
借入金	36,000	20,000	10,000	4,000	3,000
うちABL	0	0	3,000	1,000	0

買掛金や支払手形が増加することで運転資金需要[18]が減少し、現金が捻出される。また、経費の節減を通じても現金が捻出され、借入金が減少するのである。この効果が前述の事例でみられた。A社の財務数値をベースに検証してみる。

　図表17-2のなかで、運転資金需要に着目してみると、ABL実行前は売上高以上の運転資金需要があったが、ABLを実行した年のYear 3以降売上高の50～60％で推移している。その間、売上高は半減し、A社のキャッシュフローに相当する償却前金利前利益はYear 3とYear 5では赤字になっているし、黒字のYear 4でも500百万円にすぎないが、ABLは安定的に残高を減らし、Year 5の年度末にはゼロになっている。つまり、業績悪化により赤字を計上し、本来借入金が増えるところ、ABLの残高が減少していったのは、

18　運転資金需要は概算としては売掛債権・受取手形＋在庫－買掛金・支払手形として算出される。

前述のABLによる売掛債権や在庫の早期現金化の動機づけによって必要運転資金が減少したことが大きい。

5 担保口座・キャッシュ・スイープについての借入人A社によるコメント

案件実行前においては、「入金口座を変更することを取引先に申し出るのは手間がかかるし、不要な質問を受けるのが懸念材料」とA社はとらえていたが、実際にはなんら支障なくスムーズに1カ月程度でほぼすべての入金がメイン口座に集約された。

また案件実行後においては、「キャッシュ・スイープがあると、資金繰りが効率的になるのでよかった」とのコメントがあった。

6 他案件への応用可能性

キャッシュ・スイープを用いるストラクチャーはABL貸付人にとってはモニタリングや保全の強化につながる一方で、借入人にとっても効率的な資金繰り等につながる。業績がいま一つで、在庫や売掛債権を必要以上に抱えて、運転資金需要が旺盛な会社に効果がある。

第4章

アセット・ベースト・ソリューションにおける動産換価と融資回収

事例18
借入人が破産し動産担保の換価によって融資を回収するケース

1 ポイント

　本件は、アパレル製造卸・小売業A社の破産に伴い、A社にABLによる融資を行っていた金融機関X銀行が在庫換価処分による債権回収を行う事態となったことから、動産専門会社G社がX銀行の依頼に基づき、A社の破産管財人の換価アドバイザーとして在庫換価処分を行った事例である。

- 本件における換価対象物は衣料品であり、破産時の在庫点数は約150万点。膨大な量の在庫を処分しなければならない状況にあった。
- G社は破産管財人より換価業務を受託し、換価業務におけるオペレーション全般を取り仕切った。
- 既存取引先である大手GMSや専門店ならびに百貨店の協力を仰ぎ、在庫全量の換価に成功
- G社は複数の換価手法を活用し、換価額の最大化により破産財団の増殖、担保権者の回収極大化に貢献

2 事案

【A社の概要】

項目	概要
業種	アパレル製造卸・小売業
負債総額	3,000百万円

在庫（簿価）	1,000百万円

　A社は衣料品を製造し、百貨店を中心に販売する業界でも有数の知名度を誇る衣料品メーカーであった。しかしながら、東日本大震災に端を発した全国的な消費低迷の影響を受け、年々売上高が減少するなか、リストラによる経費削減や資産売却を進めたものの、業績の改善に至らず、最終的に破産に至った。

　X銀行は在庫の担保価値に依拠したABLを活用してA社に対する資金を提供していたことから、債権回収は在庫の換価の成否にかかっていた。

　A社破産直後、G社がX銀行および破産管財人とコンタクトを開始。約1カ月後、裁判所の許可を得て正式に破産管財人のアドバイザーに就任した。

　換価業務開始当初、破産からすでに1カ月以上が経過していたが、在庫はA社の直営店40店舗および消化取引先（全国の百貨店、ショッピングモール等）約200店舗に点在しており、マンパワーの制約上、破産管財人からそれら店舗への連絡がまったくできていない状況から本案件はスタートした。倉庫には返品された在庫が大量に存在しており、簿外となっていたため、在庫データは当てにできない状況ではあったが、幸い在庫データ上の簿価よりも少ないということはなさそうな状況であった。

・換価対象在庫……衣料品
・破産時在庫データ数量……150万点（倉庫在庫100万点、店頭在庫50万点）
・破産時在庫データ簿価……1,000百万円
・破産時在庫データ上代……4,000百万円

3　G社が活用した換価手法

① 店頭換価方式（B to C）
　・A社直営店舗および催事等を活用した店頭販売

② 消化仕入方式（B to C）
- 大手GMS、ECサイト（会員登録が必要となるショッピングサイト）等を活用した販売
- 中間に入る売り手は商品を販売した時点で商品を仕入計上するため、在庫リスクを負わない。

③ オークション方式／卸売方式（B to B）
- 倉庫在庫を在庫特性ごとに切り分け、買い手を招集してオークションを開催
- 在庫所在地での売却

　B to C方式による在庫換価では、店頭換価において使用する店舗の確保（破産後にシャッターが閉められた状態の直営店舗を再稼働させるため、賃貸人（デベロッパー等）との条件交渉を行わなければならない）、販売員の手配、店頭の状況に応じた適切な在庫供給、消化取引相手方との契約、日々の売上管理、経理処理等、換価を開始するまでに周到な準備が必要となる。

　店舗の確保に際し、本件においてはA社の店舗リストから売上高および利益率が高い店舗を中心に選定を行い、それらのなかから賃貸借契約上の諸条件（主には契約残存期間および一般的に当該期間に比例して高くなる解約違約金発生額）を勘案し、店頭換価において十分に成果（純換価額）が残ると判断された店舗から優先的に交渉が行われた。テナント（本件ではA社）が破産した場合、賃貸人は当面の間収益が得られない状況に陥るため、後継テナントを探すまでの期間において破産後の店舗運営継続の打診を好意的に受け取ってくれる賃貸人も存在した。他方、交渉の入口の段階では店舗運営継続に否定的な見方をしていた賃貸人もいたが、それらの賃貸人に対しては、詳細な店舗運営計画を提示し、運営を継続させることによる賃貸人のメリット、すなわち期間収益を具体的に示す方法により許可を得ることに成功した。一般的に、賃貸人は、運営する商業施設において一見の業者に短期間の運営を行わせることを好ましく思わない。これはそれぞれの商業施設のルールやポリシーを遵守する業者かどうかということを含め、その背景が不透明である

からである。この点、G社は過去の店頭換価の実績から数多くの商業施設とリレーションシップを有していたことから、交渉がスムーズに運んだ。

　店頭換価を遂行するためには、販売員の確保は最優先で行わなければならない。本件においては、G社がアドバイザーに就任した時期はA社の破産から1カ月程度経過した時点であったことから、A社既存従業員の再雇用には至らなかった。しかしながら、G社が動産専門会社として有するネットワークを活用して販売代行業者等の外部業者から販売員を用意し、既存従業員の活用ができない状況においても店頭換価を可能にした。

　中古業者やディスカウンター等に対するオークションや卸売（B to B方式）による一括売却と比較した場合、B to C方式の採用には相当の労力を要するが、一般的に換価処分により得られる純換価額は高くなる。この理由は、B to B方式においては、中間業者等が得るマージン、また大量の在庫を一括で購入する業者等が、結果として売れなかった場合の在庫を抱えるリスクや販売が完了するまでの倉庫賃料等のコスト相当額がディスカウントされることに起因する。換価額の最大化という観点からは、可能な限り多くの在庫をB to C方式にて換価することが望ましいことはいうまでもない。しかしながら、人的リソースのキャパシティが主たる制約条件となり、管理すべき店舗等がある一定の水準を超過する場合、適切な店舗運営が困難となることから、最悪の場合、店舗運営等に必要となるコストを換価額でカバーできないという事態に陥る可能性もあり、換価プロジェクト全体におけるバランスが肝要となろう。

4　換価プロジェクトの戦略策定

　換価プロジェクトの開始に先立ち、G社はプロジェクトにおけるさまざまな条件を考慮したうえで、前述の在庫換価手法を活用した具体的な換価戦略を策定した。

　まずG社は、ブランド（消費者に対する訴求力）や季節性といった在庫自

体の特性、活用可能な店舗数および期間、マーケットにおけるセール時期、在庫保管倉庫会社により設定される倉庫使用可能期間等を考慮し、それぞれの換価手法のキャパシティにピースをはめるように、在庫を区分けすることから始めた。本件換価の開始時期は、店頭で冬季販売用商材が並び始める頃であった。したがって、販売機会損失を回避すべく、ブランド認知度が高い冬季用商材については店頭で換価をすることとし、他方、夏季販売用商材、在庫仕入から数年が経過した滞留在庫および不良品については、倉庫賃料の削減を企図してオークション方式で換価を進めるなど、具体的な換価方針を策定した。

5　換価結果

本件在庫換価において、B to Cの手法により換価された在庫は、簿価および数量ベースで全体に占める割合はそれぞれ約10％程度であった。しかしながら、店頭換価方式では直接消費者に対し、また消化仕入方式では小売業者を通じて消費者に対し販売して在庫を換価したことで、販売経費控除後の純換価額の実に37％がB to Cによる換価方式によって創出された。

前述のとおり、B to C方式を活用した場合、B to B方式による在庫換価と比較し、より高い金額での在庫処分が可能であることを本件換価結果が証明している。

・換価に要した期間……約6カ月

	B to C 店頭換価方式 消化仕入方式	B to B オークション方式 卸売方式	合計
利用店舗数／オークション・卸売回数	直営店：8店舗 催事：13店舗 消化取引：59店舗	30回	―
簿価	110百万円	890百万円	1,000百万円

構成比	11%	89%	100%
数量	15万点	135万点	150万点
総換価額	245百万円	310百万円	555百万円
総換価額対簿価	222%	35%	56%
純換価額	137百万円	231百万円	368百万円
純換価額平均単価	913円	171円	245円
純換価額対簿価	107%	26%	37%
純換価額構成比	37%	63%	100%

6 動産専門会社が行うオークション方式（B to B方式）による換価

　B to C方式による在庫換価が、換価額の最大化という目的達成のために必要不可欠であることは前項の実例が示すとおりであるが、本件在庫換価においては、150万点という膨大な量の在庫を換価しなければならなかったことから、換価対象在庫の約90％をB to B方式で換価していることにも注目すべきであろう。

　本項で紹介するのは、換価すべき在庫の物量が多すぎるという理由により、B to B方式を活用せざるをえない局面において、特にオークション方式を活用する場合、オークショナーの手腕により換価額が大幅に変動するという事実である。動産専門会社が開催するオークションは、招聘する各業者の特性等まで考慮し、緻密な配慮のうえに組成されている。

　下表は、A社の破産に伴い、A社の在庫を保管していた倉庫会社が未払倉庫賃料を回収することを目的として商事留置権を主張し、保管していた一部の在庫を独自に換価することを企図していたところ、G社が本件在庫換価プロジェクトにおいて倉庫会社と良好な関係を維持するためにオークション組

成に協力した際の結果を表している。

（単位：百万円）

	売却点数	G社手配 オークション入札最高額	倉庫会社手配 オークション入札最高額	差異
招聘業者数		7社	3社	
入札1	85,000	32.4	22.6	9.8
入札2	70,000	33.0	21.0	12.0
入札3	14,000	2.2	3.2	▲1.0
合計	169,000	67.6	46.8	20.8

まったく同じ在庫をオークション参加者に提示したにもかかわらず、G社が組成したオークションでは、倉庫会社のそれと比較し、約20百万円の差異が生じていることがわかる。

実際には、これらの在庫をオークション参加者が興味をもつロット、また特性ごとに切分けを行ったのはG社であったことから、もし倉庫会社が単独でオークションを開催していた場合には、より低い入札結果となったであろうと推測される。事実、倉庫会社の当初期待値は、G社の入札結果の3分の1程度とのことであった。オークションにかける目的物のグルーピングという作業は、入札額を高めるうえで非常に重要な意味をもつ。たとえば、入札に招聘する卸売業者の資金調達能力を勘案したうえで参加者が入札しやすい入札単位となる在庫の塊にグルーピングを行うことや、季節性やブランドを考慮することはもちろん、単独では売却が困難な在庫については比較的人気のある在庫とバンドルにする等の工夫を行う。在庫の内容とは別に、オークション会場で参加者が内覧する際、在庫の見栄えをよくしておくことも重要となる。このグルーピングについては、明確なルール等が存在せず、経験則に基づいて行われることから、B to C方式による換価と比較した場合、一見シンプルに映るオークション方式においても、動産専門会社を活用する意義は非常に大きいといえる。

7 本件からの示唆

　本件在庫換価の結果、純換価額（X銀行および破産財団への分配原資）は368百万円となり、X銀行は期待していた以上に債権回収することができたと聞かれる。

　本件における換価目的物は衣料品であったが、それ以外の在庫においても、季節性等の在庫特性が制約条件となり、常にある一定の価格で販売できるとは限らない。本件の事例においても示されるように、動産専門会社を換価アドバイザーとして関与させるか否かにより、債権回収額は大きく左右されるであろうことは想像にかたくない。在庫の特性や物量、販売期間やそれに付随するコスト等、またその他数々の制約条件を勘案したうえで、換価を開始する前に十分に換価シナリオを策定し、戦略的に換価を遂行することが、換価額最大化を達成するうえで重要なポイントといえる。

　貸付人が動産を担保として取得する場合、有事の際に備え、あらかじめ動産換価専門会社とリレーションを構築しておくことが望ましい。なぜなら、動産は、存在しさえすれば自動的にその価値が実現されるわけではなく、「だれがどのように現金化するか」によって、その換価額が大きく異なるからである。

トピックス6

倉庫会社の留置権

　動産担保融資において、借入人が物流業務を倉庫会社等の第三者に委託している場合において、業務委託にかかる代金の支払条件が「月末締翌月末払」等、債務発生後に一定期間を経て支払われるようなケースでは、物流業務受託者は、当該物流業務を通じて占有する在庫に対し商事留置権[1]を有することとなる。

　留置権の存在はややもすれば軽視されがちであるが、結果的に留置権の存在によって融資回収が長期化したり、回収額が想定を下回ったりする案件が散見される。ABLの実行を検討するに際しては、留置権の扱いについて融資実行前に十分に検討をしておくことが肝要である。対応策としては、以下の二つの方法が採用されることが多い。

(1)　物流業務受託者に対し留置権の放棄を要請する方法

　物流業務受託者に対して、当該受託者が有する留置権を放棄してもらうことを要請する場合、当該受託者にとって留置権を放棄するメリットはいっさい存在しないということを理解したうえで、留置権の放棄について交渉を行わなければならない。物流業務受託者は、本来有しているはずの権利を放棄するのであるから、彼らにとっても放棄する合理的な理由が必要となることは容易に理解できる。借入人が物流業務受託者にとって今後も安定的・継続的に物流業務を委託してくれる顧客であり続ける可能性が高く、そのような顧客である借入人との関係に鑑み、やむなく留置権を放棄するということ以外に、留置権を放棄する合理的な理

---

[1]　商人間においてその双方のために商行為となる行為によって生じた債権が弁済期にあるときは、債権者は、その債権の弁済を受けるまで、その債務者との間における商行為によって自己の占有に属した債務者の所有する物または有価証券を留置することができる。ただし、当事者の別段の意思表示があるときは、この限りでない（商法521条）。

由は存在しないと考えられる。

　借入人の事業規模が大きければ保有する在庫の規模も大きくなり、複数の物流業務受託者に委託している場合がある。それぞれの受託者に対して、留置権の放棄について丁寧な説明を要し、受託者において放棄に係る社内決裁取得にも時間を要することが多いことから、融資実行までに時間的な余裕をもって対応することが肝要である。

　具体的な留置権の放棄の方法として、貸付人、借入人、物流業務受託者の三者間で合意をする方法により留置権の放棄を確認することが一般的である。

(2) 留置権の対象となる債務（物流業務委託手数料）相当額を担保評価額から減じる方法

　物流業務受託者が留置権の放棄を拒否するケースでは、過去の受託者別物流業務委託代金支払実績から平均的な月間委託料を算出し、これの2カ月分の金額（月末締翌月末払条件の場合）程度を担保評価額から減じるという対応をとることもある。通常、借入人が債務不履行を起こす場合には、月末などの支払日が集中する営業日の前に意図的にデフォルトさせるケースが多いことから、支払日に支払うべき債務に加え、受託者側における締め前の未請求の債務が1カ月分程度発生していることが多い。したがって、1カ月分程度を未払債務残高に加えて担保評価額から減じることで、留置権解除のために必要となる予想コストをあらかじめ組み込んでおくことが可能となる。

トピックス7

動産担保による融資回収

　ABLの原点は、「担保や回収原資として従来は想定されていなかった動産を活用することによって貸付人がとれるリスクが拡大する」ことである。必然的に、財務的に良好でない借入人企業への与信に活用されるケースも多く、その結果、担保の換価代り金から融資回収を図ることもある。

　本稿においては、借入人の各段階における貸付人の典型的な行動について整理する。

1　借入人の業況が悪化した場合の対応

(1)　再生支援のなかでの段階的動産換価による回収

　借入人の業況悪化局面では、貸付人は、担保換価による回収の可能性も視野に入れつつ、借入人との最低限の信頼関係が維持されている限りは、通常は担保換価を避けながら再生支援を試みるであろう。ABLは、事業継続に必須である在庫等を担保としており、業況悪化時には相応の牽制力が発揮される。貸付人は借入人が法的再生手続や法的破産処理に至る前に、滞留在庫や不採算事業の現金化（税務上損金が発生することによる税務メリットも含む）による当面の資金繰り確保と、その後の業績の改善等について、指導力を発揮する機会があろう。この局面では、財務コンサルティング会社と動産専門会社が協働して計画策定・実行にあたるケースが多い。

(2)　保全への備え

　再生支援と並行して貸付人が意識すべきことは、借入人が法的整理手続に入った場合への備えである。各種モニタリング（実査による動産の状態確認や棚卸、担保動産の最新の評価の取得、売上げ・仕入れ・資金繰り確認）の頻度を上げることは有効である。

2　法的再生手続における対応

(1)　民事再生の場合

　民事再生手続における別除権は再生手続外で行使できる。譲渡担保権者は、①譲渡担保権を実行せず借入人の再生に協力しながら段階的な回収を図るか、②譲渡担保権を実行し回収を図るか、のいずれかを選択する。

① 　担保権を実行せずに再生に協力しながら回収を図る場合

　この場合、譲渡担保権者は借入人（あるいは代理人）と協議を行い別除権協定を締結し、返済額、返済方法、返済終了後に譲渡担保権を解除すること等について合意する。通常は、事業を継続するなかで、担保動産の売上金のなかから、定期的に一定金額（割合または金額を規定）を回収する。

② 　担保権を実行する場合

　担保権の私的実行を行うためには、借入人が協力的な場合には任意の引渡しを受け、担保の換価によって融資回収に充当する。しかし担保権実行を検討する場合とは、多くの場合、借入人側の協力が期待できない状態と思われるため、以下のような手続を踏む。

・動産譲渡担保権実行通知を行う。
・占有移転禁止及び処分禁止の仮処分の申立てを行い、発令を受けた後に保全執行し担保物を執行官保管とする。
・借入人が引渡しを拒否する場合、動産引渡し請求訴訟を提起する。

　動産を保管する倉庫の確保、運送業者の手配、執行官とのスケジュールの調整等、さまざまな準備が必要となる。

　換価においては、実務上は、動産専門会社が、譲渡担保権者からの委託を受け成功報酬手数料によって動産を売却する方式と、対象動産を買い取る方式がある。前者では、動産専門会社が、一般的には動産の売却額に比例する換価手数料を得る方式で行い、ある程度の時間をかけながら換価額を最大化すべく行動することになる。なお、過去当該先の評価

を行った評価会社が換価業務も手がける場合、換価手数料の水準等について評価書に記載があることが一般的である。後者は、動産専門会社が動産の価値に関するリスクを引き受けることから、買取金額はリスクを織り込む分だけ低くなることもあるが、貸付人のメリットとして、短期間で回収額を確定できることがあげられる。なお、貸付人と借入人の間における担保物処分の法的な分類としては処分清算と帰属清算がある[1]。

(2) 会社更生の場合

会社更生の場合、破産や民事再生と異なり、譲渡担保権者は担保権を実行することはできない。

貸付人は更生担保権者としての届け出を行ったうえで（会社更生法138条2項）、担保動産の価額について管財人との間で争いがある場合には、別途の手続き[2]に従う必要がある（更生担保権の支払は更生計画によるため、このプロセスは民事再生の場合と比べて重要となる）。

(3) 破産の場合

破産手続では、譲渡担保権は別除権（破産法65条）として取り扱われ、譲渡担保権者は破産手続外で担保権実行できる。

なお、担保権実行には担保物の引渡し等において破産管財人の協力が不可欠であるが、破産管財人には積極的に協力する義務はないと解されているため、破産管財人は担保権実行に協力し、譲渡担保権者は担保物の処分価格の一部を破産財団に組み入れる協定を破産管財人との間で締結することが多い。

実際の換価は、譲渡担保権者が動産専門会社に依頼して行うことが多い。

---

1) 処分清算とは、第三者に担保物を売却し、売却金額をもって担保権の金額とする。売却金額が被担保債権額を超過した場合には、超過額を借入人に返還する。帰属清算とは、貸付人自身が対象担保物件を取得し、担保契約等であらかじめ定められた方式に基づいて算出された金額を担保権の金額とする。

2) 会社更生手続においては、更生担保権の目的物の価格は、管財人が行う財産評定によって決まる。更生担保権者が、管財人が算定した更生担保権の目的物の価格に不服がある場合には、価格決定手続により争うことが可能であり、価格決定の申立てがあった場合、裁判所は評価人を選任し、評価人の評価に基づき担保目的物の価格を決定する。

第5章

アセット・ベースト・ソリューションの概論

1 動産価値を活用した企業金融とは

(1) 動産価値を活用した企業金融の定義

　動産価値を活用した企業金融（以下、動産活用型企業金融）というと、一般的には資産担保融資という意味でとらえられる向きも多いと思われるが、具体的にはどういった資産が担保になるのか、どういった仕組み、ストラクチャリングの融資になるのか、そもそも融資という形態に限定されるのかといった点で、人によって描くイメージが異なる。動産活用型企業金融とは、欧米ではアセット・ベースト・ファイナンスとして非常に一般的に企業金融に活用されている手法である。そこで、「アセット」「ベースト」「ファイナンス」の三つに分けて定義してみる。

　まず、「アセット」であるが、本書ではすべてのタイプの資産を対象とするわけではなく、主に債権（売掛債権主体）と動産（在庫や機械設備）を意味し、日本の商業銀行が融資の担保としてとる不動産は含まないものとした。これは、担保に不動産を入れてはいけないという意味ではなく、本書で扱う金融では不動産は主たる担保物にはなっていないという意味である。

　次に「ベースト」であるが、これは担保になっているというだけではなく、その価値に基づいて金融が行われることと定義した。つまり、ただ単に対象資産を担保にとったり、購入対象としたりするわけではなく、その対象資産の価値を常時モニターしているということである。

　最後に「ファイナンス」であるが、本書では融資に限定せず、対象資産の購入等を通じて、資金を供給することも含めた。つまり、本書で対象とする金融はABLに限定せず、在庫や機械設備の購入を含め、より大きな範囲で資金を供給する取引を指す。本書では、在庫の買取りを通じたファイナンスの実例を紹介しているが、実際には日本ではこういった実例はいまだ少なく、日本で売掛債権や動産を用いた動産活用型企業金融といえば、一般的に

は売掛債権や在庫、機械設備を担保とする融資であるアセット・ベースト・レンディング（ABL）を指すことが多い。上記をまとめると、本書における動産活用型企業金融の定義は「主に債権と動産を対象として、これら対象物の価値に基づいて、そしてその価値を常時モニターしながら行う資金供給取引」ということになる。

(2) 近年の日本の金融史における動産活用型企業金融

日本の商業銀行を中心とした金融としてはまず、借入人の信用に依存した無担保融資があげられる。これは経営者（ヒト）、ビジネス（モノ）、財務（カネ）を分析することで借入人の実態を理解して融資を行うものである。

これに対して、信用面では不安のある借入人に対しては個人保証や担保をとることで、そのリスクを軽減することが図られてきた。代表的な担保は不動産である。不動産は、散逸することがなく、管理が容易であること、また、その価値が借入人の業績と関連性が低く、借入人の業績悪化時に担保価値を維持している可能性が高いと考えられること等から広く受け入れられることとなった。特に1980年代のいわゆるバブル経済の時期は不動産価格が毎年上昇することが当然のように考えられていたことから、不動産担保融資が拡大した。

バブル経済が終焉を迎え、不動産担保に依存していればよいという時代でなくなった1990年代後半から2000年代初頭にかけて、借入人が生み出すキャッシュフローや、それに基づいて算出される企業価値に基づいた金融が台頭してきた。代表的なファイナンスがレバレッジド・バイアウト・ファイナンス（LBOファイナンス）と呼ばれる買収ファイナンスである。これによると、買収対象会社の業績はのれん償却負担等により赤字であったり、借入負担が重く、財務構成に難があったりして、従来の基準では融資対象とならない先であってもキャッシュフローが潤沢であれば、融資の対象となることになった。

2005年に動産・債権譲渡特例法が施行されたことに伴い、在庫や機械設備

といった動産を担保として登記すること、ならびに売掛債権等の債権についても将来発生する債権も登記することが可能となった。これを受けて、日本でも動産・債権担保融資であるABLが本格的に導入されることとなった。これによって、不動産をもたない企業、もっていてもすでに他の融資の担保になっている企業、キャッシュフローの弱い企業でも、価値のある債権や動産を保有していれば、融資を受けられることとなった。

　ABLはもともと、アメリカで発祥した金融手法であるが、日本におけるABLは、アメリカのABLとは少々異なり、リレーションシップ・バンキングという取引先との関係を重視したファイナンスの一環として導入された。したがって、担保価値に依存するのではなく、あくまで、借入人との取引関係に立脚した金融手法の一環で、過度の不動産担保依存や個人保証依存からの脱却を目指して導入された。そのため借入人となる企業は、業績はまずまず無難に推移しているケースが主体で、当初は既存の無担保融資に動産や債権を追加で担保としてとっただけの融資や、新規融資において動産や債権を担保としてとっても、担保価値を頻繁にモニタリングしないような融資も行われていた。ABLの取組みが本格化し始めた時点では、在庫をそれなりの価格で換価した実例に乏しかったこともあり、貸付人にとって担保物である在庫を実際に換価できるのか、換価できたとして、どの程度の価値が実現できるのかが判然としなかったことも、在庫を担保にとりながら、その価値に依存しない、いわゆる「添え担保」としての取扱いが主流となった背景であった。

　その後、日本において動産専門会社による評価、換価の実績が積み上がってきたことに伴い、徐々に、アメリカのABLで用いられるボロイング・ベースが導入され、この範囲内に貸付残高を抑える形態のABLが増えていった。これによって、動産や債権担保が、添え担保と呼ばれる、担保にはとっているが貸付人としては担保価値を認めない担保から、ある程度担保価値を認め、これに依存する型のABLが行われることになってきている。また、在庫や売掛債権担保のモニタリングを通じて、借入人がどこからどういった

条件でどういった商品を仕入れ、どこに、どういった条件でその商品を販売しているかという商流を理解し、ビジネス、財務、資金繰りの実態を把握することも行われるようになってきた。

一方で、この考え方が高じて、日本ではABLを行う目的が、担保のモニタリングを通じて、借入人のビジネスを理解することにあるという考え方になり、アメリカのABLのように担保物の価値を重視することで融資対象を広げるABLとは一線を画し、借入人のビジネスの実態に依存するABLという傾向がより強くなった。つまり、ABLにおける与信判断において、担保の分析よりも、借入人のビジネスの実態や財務内容の分析により比重が置かれるようにもなった。その結果、必ずしも動産の価値を活かしてファイナンス対象を広げることには十分つながっていないとみられる。

アメリカではABLが買収ファイナンスにおける運転資金枠として頻繁に用いられるが、日本では売掛債権や動産とその他の資産（不動産や無形固定資産等）を貸付人ごとに分けて担保をとることはあまり行われていない。これは、アメリカでは買収ファイナンスにおいて、被買収会社の株式購入目的のタームローンを提供する貸付人と運転資金枠を提供する貸付人が異なるのに対して、日本ではタームローンと運転資金枠を同じ金融機関が提供することに起因する。また、アメリカではABLの保全の強さを活かして、事業再生局面における新規融資（事業再生ファイナンス）を、ABLを用いて行うことが積極的に行われているが、日本では一部の金融機関を除いてこういったことを積極的に行っているところはない。本書の事例で紹介されているような、事業再生や企業買収の成功事例や、動産の適切な換価事例が蓄積されることで、動産活用型企業金融の活用の場面が広がることを期待したい。

(3) **日本の動産活用型企業金融の現状の課題**

日本の動産活用型企業金融にはいくつかの課題がある。ここでは紙幅の制限があるので、在庫を担保とするケースについて述べる。

第一に、在庫を担保に入れて、資金調達を行うことに対する借入人側の心

理的抵抗感があげられる。在庫を担保に入れて融資を受けるということが、いかにも業績が悪く、最終手段に依存した融資という印象をもたれるので、なるべく、これを回避したいという心理である。実際、在庫の譲渡登記の事実が知れると、納入業者や販売先からいろいろ照会があるという話も聞く。企業が保有する資産を有効活用した資金調達手法の一つとして、動産活用型企業金融が認知されていくには、実績を積み上げていくしかないであろう。

　第二に、在庫の評価に対する信頼性、換価の実現性の問題がある。日々、内容、量共に変化する在庫の価値を把握することは容易ではない。だからといって、在庫を換価しようとした場合に、いったいいくらになるかわからない状況では、貸付人としては担保価値に依存することはできない。もし、換価額が評価額以上で、在庫を買い取ってくれる業者が存在すれば、貸付人の評価に対する信頼性は増し、換価の実現性も増す。評価・換価業者の台頭がABLの発展に大きく寄与したアメリカの先例が示すとおり、評価に対する信頼性、換価の実現性の向上が動産活用型企業金融の発展の鍵になることは間違いない。日本はアメリカと比較して、実績、歴史のある評価・換価業者が少ないことは否めないが、ここ数年で実績を積み上げてきており、今後、さらに実績を積むことで評価に対する信頼性、換価の実現性の向上が望まれる。

　第三に、在庫処分について、第三者のアドバイスを得る習慣が根づいていないということがあげられる。在庫の処分については、通常自社で行っていることであるので、第三者への依頼は不要という錯覚に陥りがちであるが、閉店セールや非日常的な大量処分は日常業務と性質を異にするので、専門業者のアドバイスが必須である。在庫の処分はディスカウント幅を大きくすれば、早期に売却できるが売却代金は低くなり、ディスカウントを渋ると売却が進まないという問題が起こりうる。専門家からのアドバイスをベースにネットの換価額を極大化することができれば、貸付人および借入人にメリットがある。在庫処分のアウトソースはアメリカではすでに一般的に受け入れられており、日本でも今後同様の展開が期待される。

2 動産の評価手法について

　動産の評価は資金調達、M&A、Purchase Price Allocation（PPA：取得原価配分）、減損、財産評定等さまざまな局面で実施される。ABLのような売掛債権や在庫・機械設備等の動産を担保として活用したファイナンスを行う場合、貸付人は入口段階で動産を評価することで担保価値を把握することになる。この場合の「評価」（アプレーザル）とは、確立された方法論に基づいて対象動産の換価価値を算出することにより、動産をABLの担保に変換させる役割を担うものである。売掛債権の評価は金融機関内で内製化していることが多いが、在庫や機械設備はきわめて個別性が強いため、相場が明確なものを除き外部の評価会社に委託するのが通常である。また、動産担保は要件を満たせば一般担保[19]として取り扱うことができ、その要件の一つに「客観性・合理性のある評価方法による評価が可能であり、実際にもかかる評価を取得していること」とある。すでにいくつかの金融機関では評価会社が算出した評価額を用いて動産担保を一般担保化している。しかし、金融機関におけるABLの専門部署を除けば動産の担保評価は必ずしもなじみのあるものではなく、動産の担保評価に対する理解度はまちまちである。ABLの普及に伴い動産評価の外部委託が増加するなかで、動産評価を有効活用してもらうためにも、金融機関が在庫や機械設備の担保評価を評価会社に依頼する際のポイントや評価ロジックについて解説していく。

---

[19] 金融機関は、自己査定において、債務者を、正常先、要注意先、破綻懸念先、実質破綻先、破綻先に区分する。その後、破綻懸念先以下向けの貸出については、担保の処分可能見込額でカバーされていない部分の一定割合について、個別に引当を行っている。動産担保については要件を満たせば、自己査定上「一般担保」として取り扱うことができ、一般担保化することにより、債務者が破綻懸念先以下に格下げされた場合でも、一定部分について個別に引当をせずにすむといった収益的なメリットが生じる。

(1) 評価会社の業務の範囲の明確化

　どの評価目的の場合でも共通することだが、評価会社に評価を委託する際、依頼者は業務の委託範囲を明確にする必要がある。通常、評価会社が評価業務の範囲としているのは、評価基準時点における動産の価値算定にとどまる。評価会社は受領した資料をもとに値づけを行うが、在庫データの正確性の調査や全量カウントは、通常は業務の対象外になっている。在庫は架空在庫の計上等、粉飾決算の温床となりがちな勘定科目となっており、債務者の簿価に粉飾の疑いがある場合は、別途監査の専門業者や貸付人自身によるデュー・デリジェンスを行うのが基本である（アメリカではGBJのようなAppraiser／LiquidatorとはInitially別にField AuditをField Examinerという専門業者が多数存在しているほか、多くの金融機関は内部にField Examinationチームを有している）。時折、融資担当者は融資の入口段階で動産の評価さえ取得しておけば、その評価書に記載の担保価値は一定期間存続するもの、と安心してしまうことがあるようである。しかし、債務者が営業活動を継続する以上、動産は日々変動しており、それに伴って動産の担保価値も常に変動していることは自明である。評価書の評価額とはあくまでも過去の一時点における価値でしかないことを理解しなければならない。在庫金額の変動が激しい場合は、掛目を通常よりも低めに設定したり、再評価の頻度を高めたりすることで貸付人はリスクの低減を図る必要がある。また、ABLは担保価値算定だけではなく、融資実行前の監査や期中のモニタリング（債務者モニタリングと担保モニタリング）の三つがそろってはじめて実効性のあるABLの形式要件を満たすことを忘れてはならない。つまり、いくら精度の高い完璧な評価を行ったとしても、入口の監査が不十分であったり、モニタリングが必要な頻度で行われていなかったりすると、いわゆる「事故」につながる可能性が格段に高まることになる。

(2) 評価基準日の確定

評価を実施する際には最初に評価基準日を定めることになる。基本的には新しければ新しいほど望ましいとされるが、季節による変動が激しい動産の場合は机上での再評価を取り入れる等の工夫がなされる。

(3) 評価対象資産の特定

評価対象資産の範囲についても依頼者側で決定しなければならない。製造業であれば仕掛品・原材料や機械設備を評価の対象に含めるか、海外展開している企業であれば海外在庫は評価に含めるのか、小売業であれば担保提供が禁止されている店舗の在庫も含めるか等が検討事項としてあげられる。

(4) 評価の依頼者

ABLのための担保評価であれば、原則貸付人である金融機関が評価の依頼主となるべきである。債務者からの依頼で評価を行う場合、評価額が債務者の期待する金額に満たないと評価会社に意見を挟み込む等の圧力が働きやすく、公正な評価業務が妨げられるおそれがある。また、評価会社が債務者に雇われると、実際に銀行が担保実行するような局面において利益相反が生じることになる。

(5) 評価の取得目的の共有と価値の決定

評価の取得目的により評価会社が算出する価値は変わる。金融機関が依頼者となる場合の取得目的は担保価値の把握か実態把握（時価評価）のどちらかがほとんどである。担保価値評価の場合は秩序立った処分を想定した通常処分価値（Orderly Liquidation Value：OLV）が多いが、強制的な処分を想定した強制処分価値（Forced Liquidation Value：FLV）を依頼することもある。ABLの貸付人は、「債務者がゴーイング・コンサーン（継続企業）でなくなった場合に、担保を処分するといくら現金が回収できるか」を考慮して融資

額を決定する。そのため、ABLの担保価値を算出することを目的とする評価は、担保物を現金化し、それに要した経費を控除した後のOLVである「純換価額（Net Orderly Liquidation Value：NOLV）」が利用されることが多く、会計上の価値（簿価）や取引事例に基づかない理論的な公正市場価値は、ABLの担保評価額としてはふさわしくない。

なお、国内の評価会社によってはNOLVとは異なる処分価値の表現や価値概念が存在しているが、アメリカをはじめ主要な金融先進国においては、NOLVが各金融機関共通の評価軸として確立され、NOLVに掛目を乗じることでボロイング・ベースの算定がなされており、グローバル・スタンダードにいずれ収斂していくことが自然の流れと思われる。

[動産の評価で利用される代表的な価値とその定義]

・公正市場価値（Fair Market Value：FMV）

　自発的な買い手と自発的な売り手が、いずれも売買を強制されることなく、また双方があらゆる関連事実を十分に知ったうえで双方に公正に取引を行う場合に、対象資産に対し合理的に期待されうる予想額

・通常処分価値（Orderly Liquidation Value：OLV）

　合理的な期間内に秩序立った換価を行った場合の処分価値

・強制処分価値（Forced Liquidation Value：FLV）

　限られた期間内に強制的に処分を行った場合の処分価値

どのような価値が知りたいかを決定するのはあくまで依頼者（貸出人）である。依頼者は要望を評価会社と共有するため、事前によく打合せを行い、算出すべき価値定義と評価の前提条件を明確にする必要がある。

(6) **NOLVの算出ロジック**

在庫のNOLVの算出ロジックを図表1に示した。

簿価に対して通常営業時にいくらで売買がなされているかを過去の販売実

図表1　NOLVの算出ロジック（例）

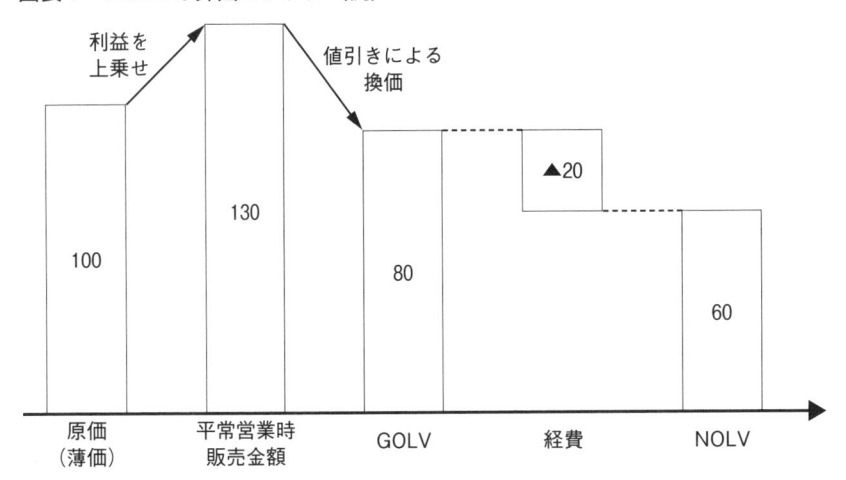

```
         利益を
         上乗せ        値引きによる
                      換価
                                       ▲20
         ┌──┐
         │  │                                 ┌──┐
    ┌──┤  │                         ┌──┤
    │  │  │       ┌──┐        │  │
    │  │130│       │  │        │  │
    │100│  │       │80│        │60│
    │  │  │       │  │        │  │
    └──┴──┘       └──┘        └──┘
    原価    平常営業時   GOLV    経費    NOLV
   （簿価）  販売金額
```

績等から算出し、そこからどれくらいの値引きをすれば、現実的な期間内で全量を処分できるかを判断する。個々の在庫の値引き後売却額の総和が総換価額（Gross Orderly Liquidation Value：GOLV）である。GOLVを算出するには「いつ」「だれに」「どれくらい」「いくらで」「どのように」売却するかのシナリオを組み立て、その換価期間に必要となる経費を控除することで、最終的な貸付人の回収額となるNOLVが算出される。

次に換価シナリオとNOLVの関係について図表2に示した。小売業の在庫換価を想定した場合、短い期間で処分すれば経費は少なくてすむが、閉店セール開始当初から大幅な値引きをするか卸売により処分せねばならず、換価額の最大化は達成できない。一方、期間が長すぎても閉店セールの終盤は値引きしても買い手が見つからないような商品が残り続けるだけなので、今度は売上高に対する経費の比重が高まってくる。加えて、陳腐化や季節性によりGOLV自体も下がってくることもある。依頼者と合意した換価シナリオ・前提条件に基づいて、NOLVの最大値を試算するのが評価会社の腕の見せ所ともいえよう。

これまで述べてきた換価シナリオの考え方に加えて、「簿価」に対する重

図表2　換価シナリオとNOLVの関係性

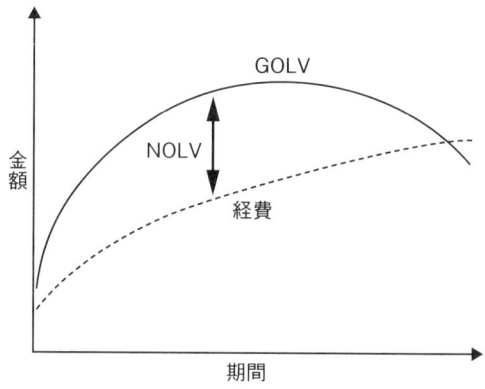

要な考え方を整理しておく。よく銀行から受ける質問に「●●（動産名）は簿価の〇%が評価の相場か？」といったものがあげられるが、こういった質問を受けると評価会社が真っ先に聞き返すのは「業態（製造／卸売／小売）は何か？」である。この答えを考えるうえで「商流」という考え方が重要となる。一般的な小売で売られる商品を例にとると、商品は、メーカーで製造され、卸問屋を経由して小売店へ運ばれ、最終的に消費者が小売店で購入することになる。この時、経由地点のそれぞれで仕入れと売上げが発生しており、商品の売価・簿価は同じ商品であっても商流のどの位置にあるかで変わってくる。

図表3に商流と簿価の関係について示した。消費財を製造しているメーカーの製品原価が70円でそれを卸売業に100円で卸しているとする。次に、卸売業が小売業に120円で卸売を行うとする。最後に店頭では定価200円で設定しているが、実際には20%引きの160円で販売しているとする。つまり、まずは対象資産が商流のどの位置にあるのかを把握する必要が出てくる。

次に、この「商流」という考え方と関連して重要なのがどの取引レベルに対する売却を想定するかである。上記の例で、対象企業が小売業であり、閉店セールシナリオでの在庫処分を想定するとした場合、評価会社は消費者が

図表3　商流と簿価の関係

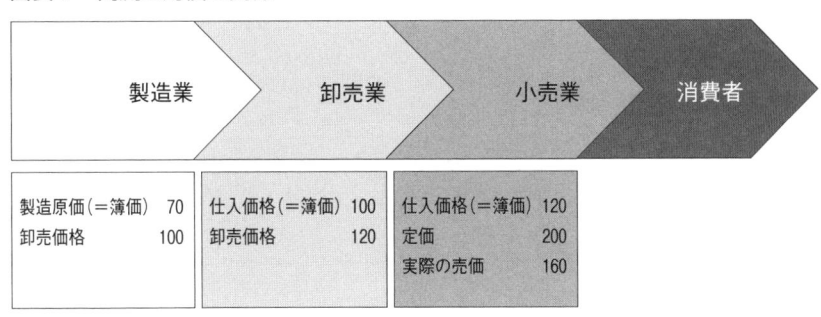

製造業　＞　卸売業　＞　小売業　＞　消費者

| 製造原価（＝簿価） | 70 |
| 卸売価格 | 100 |

| 仕入価格（＝簿価） | 100 |
| 卸売価格 | 120 |

仕入価格（＝簿価）	120
定価	200
実際の売価	160

いつも店頭で目にしている販売価格である実際の売価からディスカウントを行う。ここで強調しておきたいのは簿価に対して掛け目を乗じているわけではなく、あくまで結果的に逆算したら簿価対比で○％だったというだけの話である。たとえば、同じ小売店でもバイイングパワーのある大企業では実際の売価が同じ160円だったとすれば仕入価格（簿価）は120円より安く、回転率や換価時期等の他の指標や条件が同じ状況下であれば、簿価に対する総換価額は大企業のほうが高くなるであろう。また、ディスカウンターに全量叩き売るような場合を想定すると簿価や売価ではなく1個当りいくらとなることも珍しくなく、この場合も簿価に掛目を掛けているわけではないことがわかるであろう。

　同じ在庫でも商流の位置により簿価が変わるし、換価手法や粗利率、回転率等が異なるため、「●●は簿価の○％が評価の相場」という考え方では評価できないのである。

(7)　動産の評価手法

　資産の評価手法には、再調達価格から減価することにより価値を算出するコストアプローチ（原価法）、同種の資産の売買事例をもとに価値を算出するマーケットアプローチ（取引事例比較法）、対象資産から得られる将来キャッシュフローを現在価値に割り戻すことにより算出されるインカムアプロー

チ（収益還元法）の大きく三つの評価手法があり、担保価値評価の場合にはマーケットアプローチが採用されることが多い。

(8) **評価業務の流れ**

動産評価会社の一般的な評価の流れは次のとおりである。

---

① データリクエスト
　↓
② データ分析
　↓
③ 実地調査
　↓
④ 値づけ（Valuation）
　↓
⑤ 評価書作成・提出

---

① データリクエスト

　まず、評価会社から事業会社（銀行を通じてリクエストすることもある）に対して資料を依頼する。通常、評価会社が在庫を評価する場合に依頼する資料を大別すると以下に分けられる。

・在庫データ
・売上げ／粗利データ
・経費データ

　実際に依頼する資料はより詳細なものになるが、これをみて金融機関や事業会社は在庫の評価にもかかわらず、なぜ売上げ／粗利データや経費に関する資料が必要なのか、と疑問を抱くことが多いようである。この理由は、平たくいえば売上げ／粗利は販売価格、粗利率、回転率の把握に、経費は換価経費の算出に必要となるからである。在庫データだけでは個々の在庫が既存

の顧客に対して通常いくらで取引されているのか、どのぐらいの回転率かはわからない。これを確認するには過去の売上実績が有用な情報となる。

② データ分析

資料が届くと評価会社側ではデータ分析に入り、実地調査で確認すべきポイントを整理する。データ分析では、評価額に与える影響が大きい在庫金額が大きい在庫や減価要因となりやすい経年在庫や回転が遅い在庫、急激に粗利率が低下している在庫等を抽出して実際に確認することになる。このプロセスを省略して実地調査を行うと、事業会社がみせたい動産だけを確認して本来評価会社が確認すべき価値に影響を与える重要な要素を見落とすことになる。金融機関側の融資実行時期等の都合で、短納期での評価書提出が要求されることがあるが、その場合、十分な資料提供や分析・調査期間がないまま評価を行わざるをえないことがある。その結果、評価額が保守的になったり、実際とは乖離した評価額となったりすることがあるので、依頼者は余裕をもった事前相談を心がけておきたい。

③ 実地調査

実地調査は上述したデータ分析から確認すべきと判断された在庫の換価性の確認や在庫の状態（外装の破れ等）の確認、換価オペレーションの確認（倉庫の管理体制の確認を含む）が中心となる。

④ 値づけ

データ分析と実地調査を経てから、評価会社は依頼者と合意した換価シナリオと前提条件をもとに値づけの作業に入る。値づけ（Valuation）は、評価会社は定量データ分析から得られた対象資産に固有の情報、実地調査で得られた情報、評価額決定のうえで鍵となる換価経験（ノウハウ）を総合的に勘案し決定される。評価会社はあらゆる動産について精通しているわけではなく、得手不得手があるため、評価を依頼する際には対象動産の換価実績の有無を確認することを推奨する。GBJの場合は110年超にわたり蓄積された換価データベースであるGlobal Recovery Database^{SM}により精度の高い現実的な値づけが可能となっている。

⑤ 評価書作成・提出

評価書を手にするとどうしても評価額にばかり目が行きがちである。読み手としてしっかりと理解しないといけないのは評価の前提条件と換価シナリオである。評価書上の換価シナリオが小売にもかかわらず、担保物を処分する際にオークションを選択するとなれば、評価書と前提条件や換価シナリオが変わるため、評価書に記載の評価額は意味をなさなくなることに留意が必要である。

(9) 動産担保に活用されている動産の種類

最後にABLの担保として活用されている動産の種類について触れておきたい。以下はGBJにおける直近の実績約1,000件から作成した上位20動産である。"評価"自体はどんな在庫であれ可能である。ただし、ナマモノなど保存がきかないもの等は入口段階でそもそも担保物として不適格とみなされ、担保評価を受託するケースはほとんどない。

図表4　評価実績動産の上位20件

品目別
① 宝飾品・高級時計
② アパレル
③ 建材・住宅設備
④ 家電
⑤ 原料・素材（金属・プラスチック等）
⑥ 雑貨・生活用品
⑦ 産業用部材・部品
⑧ 鞄・靴
⑨ スポーツ用品（ゴルフ・釣具等）
⑩ 機械
⑪ 酒類（日本酒・焼酎・ワイン等）
⑫ ブランド品・香水・化粧品
⑬ 家具・寝具
⑭ 文具関連

⑮ 食品
⑯ ホームセンター・百貨店・スーパー等の混合在庫
⑰ 自動車関連製品
⑱ 車両
⑲ 音響機器・楽器
⑳ 美術品

トピックス8

小売業の換価手法として閉店セールが選択される理由

　小売店を有する企業の場合、店舗を通じた閉店セールにより、一般消費者向けに換価することが換価額最大化の観点から最も望ましいとされる。これは、GBJの多数の小売・卸売リクイデーションの経験上、以下の理由によるものである。

・特定の事業者との相対交渉を行う卸売の場合、売り手と買い手の力関係等により不適切な価格による取引を余儀なくされるリスクがある（いわゆる「足元をみられる」状態）。一方、閉店セールにおいては、多数の消費者に対して公開的に在庫換価を行うことで、買い手同士の競争原理と、売り手と買い手の心理戦の要素が働き、換価額を最大化できる（逆オークション）。また、閉店セールで最終消費者に直接売却することで、仲介者の利益を省くことができる。

・小売店の商品在庫が卸売ルートに流れると、流通過程で、買い手に対し「なぜ安いのか」を納得させることがむずかしくなるため、十分な価格での買いオファーが得られないリスクがある（いわゆる倒産品・訳あり品というレッテルを貼られるリスク）。一方で、閉店によるセールの場合、「閉店→在庫処分の必要がある→だから値引きされている」という明快な理由があるため、適正な価格での取引が成立する。

・大半の商品在庫は店舗に分散保有されているため、卸売の取引を行う場合、各店舗で陳列されている在庫を再度梱包し直し出荷するというオペレーションが発生し、本来不要な経費がかさむ。

　以下は、GBJが破産案件においてABLの担保権者である金融機関のためにアパレル在庫を換価した実例であるが、同じ在庫であっても小売／卸売の売り方の違いで、回収額が大きく異なることがわかるであろう。

【アパレル換価の実例：換価手法と換価額の比較】

	小売	卸売（入札）
簿価単価	720円	720円
販売単価	1,186円	243円
総換価率（GOLV％）	165％	34％
純換価率（NOLV％）	94％	25％

（注） GOLV％＝GOLV／簿価、NOLV％＝NOLV／簿価

　実際、いざABLの担保物を換価する場合、担保権者である金融機関は換価経験が乏しいこともあり、安易にバッタ屋等の卸売業者に一括で売却して早期に手続を完了させる選択をとりがちであるが、換価額最大化のためには店頭換価経験が豊富なリクイデーターをうまく活用し、小売店を通じた換価を試みる必要がある。

おわりに

　本書でご紹介した「動産価値を活用した企業金融」はもともと、アメリカで発祥・発達した金融手法として「アセット・ベースト・ファイナンス：ABF」と呼ばれている。その定義には幅があるものの『アセット・ベースト・レンディングの理論と実務』（トゥルーバグループホールディングス㈱編、金融財政事情研究会）によれば、「企業が保有する"アセット"のうち価値のあるものを見極め、それを企業から切り離したようにみなしてその価値を活用することで、当該企業の信用リスクを補完して信用供与を行う手法」と定義されている。

　アメリカではABFに包含されるABLだけでも貸出残高が9兆円を超え（$93billion）、そのうち新規貸出だけでも日本市場全体の約5倍規模、2.4兆円となっている（データはいずれもABL Advisor Deal Tableから）。貸し手のプレイヤーもBank of AmericaやJPMorgan Chaseといった大手銀行から地銀やノンバンクまで幅広く、まさに分厚い市場が形成されていることがわかる。

　日本におけるABFの特徴をアメリカとの比較でいえば、以下のような点があげられる。まず、地域金融機関では地場産業支援の観点から、地方の特産品を担保とする傾向がみられる。たとえば、家畜等の生き物は病気のリスクや生育させる手間等を勘案して、アメリカではあまり対象としないが、日本では、牛や豚を担保にした融資が頻繁に行われており、アグリビジネスに対する担保融資手法として定着している。さらに、追加担保的な位置づけではあるが、発電事業を検討する事業者向けに太陽光発電設備および電力会社に対する売電債権を目的物としたABLも利用されている。金融機関が保全という観点から担保価値を評価することに加え、借入人の事業実態を把握する有効なツールとして活用されてきたことが背景にあると思われる。また、担保となる動産についてみれば、アメリカの伝統的なアセット・ベースト・

ファイナンスは在庫を対象とするタイプが主であるが、日本には製造業が多いことから、機械設備を担保とするタイプも多い。機械の場合、経年劣化の問題はあるが、中身が入れ替わることがないので、担保としては安定していること、工作機械等については中古市場が存在することから、処分が可能であること等がその背景と推察される。

一方で、日米ABFの共通点といえばその利用企業が中堅・中小企業が圧倒的に多いという点と景気サイクルのなかで繰り返し利用される場合が多いという点であろう。大企業に比較してどうしてもコーポレートクレジットが低くなる中堅以下の企業にとって、不動産以外の担保価値として動産は有効な活用アセットであると考えられる。加えて、一般的に手間がかかるといわれる動産の評価からモニタリングに至るプロセスについても、一度利用してみればフレキシブルに利用できる使い勝手のよいファイナンス商品であることが認識され、景気サイクルのなかでリピートして利用されるケースが多いこともうなずける。

わが国では、政府による「地方創生」や「中小企業に対する支援」といったテーマが社会的に大きな課題となっている。具体的には、不動産担保に過度に依拠しないローン商品として、また、個人保証に頼らない中小企業に対するファイナンス手法の一つとして「動産価値を活用した企業金融」に大きな期待が寄せられている。

本書で多くの事例を通じて紹介してきたとおり、「動産価値を活用した企業金融」は、顧客の立場からみた"課題を解決していく柔軟で機動的な商品"という点と貸し手からみたときの"保全が図られたローン商品"という両側面が存在する。動産というアセットを有効活用することでさまざまな企業金融へとつなげていける可能性を広く理解してもらい、その利用が広がっていくことを切に願っている。

最後に、本業界を支えてこられた大先輩のお二方から本書および本市場の広がりについてのコメントをいただいた。

「ABFにおける事業資産活用の意義」

トゥルーバグループホールディングス株式会社
代表取締役社長　小野　隆一

　いまでこそ、ABLはわが国の企業金融において一般的な用語となったが、そもそも融資の現場で企業の保有する在庫や売掛金等の事業資産を担保活用することは従前より行われていた。いまから十数年前にABLという言葉が使われるようになったのは、企業の保有する不動産以外の事業資産に目を向けるきっかけが必要になっていたからだと思われた。わが国の企業金融がバブル経済の崩壊を経て、その変革を迫られるなか、ABLが一つの合言葉になったともいえるだろう。

　ABLやそれを包含するABFもあくまで企業金融の一手法にすぎず、企業に資金を供給するうえで動産価値を活用し、信用補完することがポイントである。そして、ABFの目指すゴールは、各企業に、ABFを含む多様な資金調達手法のなかから、最適な企業金融のバランスを見出し活用してもらうことだといえるだろう。

　わが国でABFが定着化するということは、まさに本書で事例紹介している企業金融の各手法が企業に受け入れられていくことである。わが国に冠たる幾多の優良企業も、成長や再建の過程でさまざまな資金調達の工夫を凝らしてきた。将来の優良企業を育てることが企業金融の大きな役割とすれば、動産価値を有効活用したABFがより広く利用されるようになることは大きな意義がある。

　ABFの実践例を紹介した本書がわが国のABFの発展に1ページを刻む書籍となることを期待している。

「本物」のプロフェッショナリズムに触れる

ABL協会理事・運営委員長、
武蔵野大学教授、立教大学・東北大学大学院講師

中村　廉平

　本書は「動産の価値を活かしたソリューション」を標榜する株式会社ゴードン・ブラザーズ・ジャパンが、これまで培ってきた経験とノウハウを広く一般に向けて、惜しみなく公開した英断の書である。1990年代後半から2000年代前半の不動産バブル崩壊に伴う不良債権多発の教訓から、金融界において「債務者の事業価値を見極めた融資＝不動産担保・個人保証に過度に依存しない融資の促進」が謳われて久しいが、同社は常にその第一線にあって、動産のアプレーザル（評価）・アセットディスポジション（換価）・アセットファイナンス（融資）という三本柱のワンストップ対応を実現してきた。そのような同社のチャレンジングな活動が、全金融機関ベースで約1兆5,000億円にのぼる融資残高（平成26年度経済産業省委託調査）となったABL（アセット・ベースト・レンディング）の発展の重要な一翼を担ってきたことはいうまでもない。

　読者は本書を精読することによって、金融における「本物」のプロフェッショナリズムに触れ、目が覚めるような刺激を受けたことであろう。後は本書を有効に活用し、実践することである。大いに期待したい。

　本書が、「動産価値を活用した企業金融」を利用される多くの方々の検討の一助となればこのうえない幸せである。

2015年10月

ゴードン・ブラザーズ・ジャパン執筆者一同

参考文献

- グレゴリー・エフ・ユーデル著/高木新二郎・堀池篤共訳『アセット・ベースト・ファイナンス入門』(金融財政事情研究会)
- トゥルーバ グループ ホールディングス株式会社編『アセット・ベースト・レンディングの理論と実務』(金融財政事情研究会)
- 濱須伸太郎・藤川快之共著「ABL融資先の業況悪化・法的再生・破綻時における融資回収プロセスの概要」(銀行法務21 No754、経済法令研究会)
- 細溝清史・菅原郁郎監修/金融財政事情研究会編『ABL取引推進事典』(金融財政事情研究会)
- 堀内秀晃著「アメリカのABLにおけるBorrowing BaseとExcess Availabilityを用いた与信管理」(季刊事業再生と債権管理148号、金融財政事情研究会)
- 堀内秀晃著『ステークホルダー―小説 事業再生への途』(金融財政事情研究会)
- 堀内秀晃著『ステークホルダーII―小説 金融円滑化法出口戦略への途』(金融財政事情研究会)
- 堀内秀晃・森倫洋・宮崎信太郎・柳田一宏著『アメリカ事業再生の実務―連邦倒産法Chapter 11とワークアウトを中心に』(金融財政事情研究会)
- Rafael Klotz/"Re-thinking Brand Valuations: Art Meets Science"/the May 2014 lssue of The Secured Lender/Commercial Finance Association

事項索引

A～Z

Accredited Senior Appraiser/
　ASA（上級資産評価士）……61、62
B to B……………………121、154
B to C……………………121、153
Debenture………………………100
DIPファイナンス………………72、73
EXITファイナンス………………72
Fair Market Value/FMV（公正市
　場価値）…………………………176
Field Examiner…………………174
Forced Liquidation Value/FLV
　（強制処分価値）………………176
Global Recovery Database^SM ……181
Gross Orderly Liquidation/GOLV
　（総換価額）…17、24、82、157、177
IFRS（国際財務報告基準）………61
JaSIA（日本資産評価士協会）……62
LBO（レバレッジド・バイアウ
　ト）………………91、98、169
LTV…………………………………17
M&A…………………………………61
Net Orderly Liquidation Value/
　NOLV（純換価額）………17、24、
　　　　　　　　　　82、157、176
NOLV率（純換価率）…………7、185
Orderly Liquidation Value/OLV
　（通常処分価値）………………176
PIK………………………………101
POS…………………………………67
Purchase Price Allocation/PPA
　（パーチェス・プライス・アロ
　ケーション）…………61、62、173
REVIC（地域経済活性化支援機
　構）………………………………35
Secondary Buyout………………98
SPC（特別目的会社）………79、81、92

あ

アップフロント・フィー……………12
アプレーザル……………………173
粗利益率……………………………82
アレンジャー……………68、71、79

い

一般担保…………………………173
インカムアプローチ（収益還元
　法）………………………………179

う

運転資金需要……………………148

え

エージェント……………………68、71
エグジット………………………9、133

お

オークション……………………154
押込販売…………………………137
オフシーズン在庫………………115
卸売………………………………154
卸売換価……………………57、121
オンシーズン在庫………………119

か

会社更生……………………44、164
買戻条件付販売……………137、138

事項索引　191

価格決定手続‥‥‥‥‥‥‥‥165
掛目‥‥‥‥‥‥‥‥7、17、174
貸出可能額‥‥‥‥‥‥‥‥‥7
簡易評価‥‥‥‥‥‥‥‥‥77
換価（リクイデーション）‥‥‥19、
　　22、50、94、120、152、184
換価アドバイザー‥‥‥‥‥152
換価シナリオ‥‥‥‥‥32、181
元本返済猶予（リスケ）‥‥15、20、48

き

機械設備‥‥‥‥‥‥57、60、61
企業価値‥‥‥‥‥‥‥37、103
期限の利益喪失‥‥‥‥‥‥138
季節性‥‥‥‥‥‥‥‥14、158
帰属清算‥‥‥‥‥‥‥‥‥164
既存債権者‥‥‥‥‥‥‥‥45
キャッシュ・スイープ‥‥‥‥25、
　　　　99、105、141、144
キャッシュ・ドミニオン‥‥‥143
キャピタル・ストラクチャー‥‥74
強制処分価値（Forced Liquidation Value/FLV）‥‥‥‥‥176
協調融資（シンジケートローン）
　‥‥‥‥‥‥‥‥‥‥40、48
協定案‥‥‥‥‥‥‥‥‥‥38
金銭消費貸借契約‥‥‥‥‥58

く

繰越欠損金‥‥‥‥‥‥‥‥89
グルーピング‥‥‥‥‥‥‥158
クレジットカード会社宛て債権‥‥118

け

経営者保証に関するガイドライン‥‥39
競売‥‥‥‥‥‥‥‥‥‥‥32
牽連破産‥‥‥‥‥‥‥‥‥128

こ

更生債権‥‥‥‥‥‥‥‥‥44
公正市場価値（Fair Market Value/FMV）‥‥‥‥‥‥‥‥176
更生担保権‥‥‥‥‥‥44、164
公租公課‥‥‥‥‥‥‥‥‥49
小売換価‥‥‥‥‥‥‥‥121
ゴーイング・コンサーン‥‥‥175
国際財務報告基準（IFRS）‥‥61
個人保証‥‥‥‥‥‥‥38、169
コストアプローチ（原価法）‥‥179
個別動産‥‥‥‥‥‥‥‥‥96
コベナンツ（財務制限条項）‥‥8、
　　　　　13、44、51
コミットメント・フィー‥‥12、105
コミットメントライン‥‥11、75、101

さ

サービサー‥‥‥‥‥‥‥‥86
債権買取‥‥‥‥‥‥‥‥‥87
債権者間協定‥‥11、76、84、89、107
債権者集会‥‥‥‥‥‥‥‥56
債権譲渡登記‥‥‥‥‥‥‥12
債権放棄‥‥‥‥‥‥28、49、87
在庫回転期間‥‥‥‥‥‥‥17
在庫買取‥‥‥‥‥‥119、124
在庫再評価条項‥‥‥‥‥‥76
財産評定‥‥‥‥‥‥61、165、173
財団債権‥‥‥‥‥‥‥‥128
再調達価格‥‥‥‥‥‥‥‥57
最低粗利率‥‥‥‥‥‥‥‥8
最低現預金残高‥‥‥‥‥‥8
最低追加使用可能額‥‥‥105
最低手元流動性‥‥‥26、44、51
財務制限条項（コベナンツ）‥‥8、
　　　　　13、44、51

192

債務超過……………………49
債務調整……………………52
債務免除益課税……………89
詐害行為……………………44
差押え………………………81
指図による占有移転………127

し

時価評価……………………62
事業再生ADR………………34
事業再生ファンド………27、47、132
事業承継……………………35
事業譲渡…………………47、49
資金繰り……………………2
資金ショート……………95、138
自己査定……………………173
私財提供……………………49
自主再建……………………49
事前調整型の民事再生……53
質権……………………12、144
質権設定……………………25
執行官保管…………………163
実行通知……………………163
実質破綻先…………………173
実地調査………………5、67、180
私的実行……………………163
私的整理……27、29、37、40、47、49
自動車検査証………………81
自動車損害賠償責任保険証明書……81
自動車抵当権………………97
自動車抵当法………………96
自動車登録ファイル………97
シニアノート………………100
資本的劣後ローン…………89
車両…………………60、91、96
集合動産……………76、96、119

主要行等向けの総合的な監督指針
　……………………………35、39
純換価額（Net Orderly Liquidation Value/NOLV）………17、24、82、157、176
純換価率（NOLV率）…………7、185
準共有………………………107
消化仕入……………………126、154
上級資産評価士（Accredited Senior Appraiser/ASA）………61、62
商事留置権……………126、157、160
譲渡禁止特約………………4、118
譲渡担保権設定契約………80
商流…………………………178
処分シナリオ………………69
処分清算……………………164
所有権移転の通知…………58
所有権留保…………………6
シンジケーション…………66
シンジケート型ABL…………66
シンジケートローン（協調融資）
　……………………………40、48
真正売買……………………119

す

スポンサー………27、40、49、73、128

せ

成功報酬手数料……………163
清算価値……………………36
清算人………………………38
正常先………………………173
セキュリティエージェント……68、71
占有移転禁止及び処分禁止の仮処分
　……………………………163
占有改定………5、12、58、69、127

事項索引　193

そ

総換価額（Gross Orderly Liquidation/GOLV）……………17、24、82、157、177
総換価率……………………………185
倉庫会社………………………157、160
添え担保……………………………170
租税遅滞………………………………81

た

タームローン……………………11、101
第1順位………………………………50
第2順位…………………50、84、105、108
対抗要件………………12、69、80、96
滞留在庫…………………6、116、162
担保価値………………………………2
担保権行使……………………………77
担保権実行……………………22、164
担保権設定契約………………………58
担保権の侵害………………………138
担保処分エージェント……78、79、83
担保適格性……………………5、50、80

ち

地域経済活性化支援機構（REVIC）……………………………35
知的財産……………………………113
地方自治体………………………52、53
地方創生………………………………39
中小・地域金融機関向けの総合的な監督指針……………………35、39
中小企業金融円滑化法……………35、39

つ

通常処分価値（Orderly Liquidation Value/OLV）……………176

つなぎ融資（ブリッジファイナンス）……………………11、45、49

て

ディスカウンター………………17、179
ディストレスト……………………111
低廉譲渡………………………………38
適格在庫………………………………7
デュー・デリジェンス…………8、137
デリバティブ…………………………20
店頭換価……………………………153
転廃業…………………………………37

と

登記事項概要証明書…………………69
動産及び債権の譲渡の対抗要件に関する民法の特例等に関する法律（動産・債権譲渡特例法）……………………………96、169
動産譲渡登記……………5、12、58、69
動産譲渡登記ファイル………………96
動産引渡し請求……………………163
道路運送車両法…………………80、96
登録……………………………………80
特別清算………………………………38
特別目的会社（SPC）………79、81、92
匿名組合出資契約……………………92

な

ないこと証明…………………………69
内部管理体制…………………………4

に

日本資産評価士協会（JaSIA）………62
入金口座……………………………143
任意の引渡し………………………163
任意売却………………………………32

認可決定……………………………57

は

パーチェス・プライス・アロケーション（Purchase Price Allocation/PPA）…………61、62、173
廃業支援……………………………35
破産…………38、44、125、152、164
破産管財人………38、125、152、164
破産財団……………………………128
破綻懸念先…………………………173
破綻先………………………………173
バッタ屋……………………………185
販売委託手数料………………115、121

ひ

引渡し…………………………………96
評価………………24、68、82、173
評価基準日…………………………175
表明保証………………………………70

ふ

フィールドコンサルタント………122
不採算事業…………………………162
不適格在庫………………………5、7
プライベート・エクイティ・ファンド……………………………91、98
ブランド……………………………108
ブリッジファイナンス（つなぎ融資）…………………11、45、49
フルスコープ評価……………………77
プレ・セールス………………………58
プレDIPファイナンス……27、40、47

へ

米国倒産法363条セール……………114
閉店セール………68、115、178、184

別除権…………………………163、164
別除権協定…………47、53、55、163
別除権者………………………………55
別除権評価額…………………………55
返還請求権…………………………144
偏頗弁済………………………………38
返品……………………………135、137

ほ

ポイント制度…………………………6
法的整理…………………………29、37
保証債務………………………………39
補助金…………………………………52
ボロイング・ベース………………7、9、13、25、76、99、103、105、170

ま

マーケットアプローチ（取引事例比較法）……………………………179
マルチプル…………………………103

み

未払倉庫賃料………………………157
民事再生…44、47、55、72、124、163

め

メインバンク……………………40、42

も

申立代理人…………………………125
モニタリング……4、9、25、132、134

ゆ

優先貸付人………………………75、79
優先劣後…………………………72、86
優先劣後型ABL……………74、75、78

事項索引　195

よ

要注意先……………………………173

ら

ライセンス…………………………110

り

リース…………………………………55
リースバック………………………95
リクイデーション（換価）………19、22、50、94、120、152、184
リクイデーター……………………185
リスケ（元本返済猶予）…15、20、48

利息制限法…………………………12
リファイナンス……………………9、43、77、95、118、135
留置権………………126、157、160
リレーションシップ・バンキング
…………………………………170

れ

劣後貸付人…………72、75、78、79
レバレッジド・バイアウト（LBO）………………91、98、169

ろ

ロイヤルティ………………………111

事例研究 アセット・ベースト・ソリューション
――動産価値を活用した企業金融の仕組み

平成27年10月30日　第1刷発行

　　　　　　　編著者　ゴードン・ブラザーズ・ジャパン
　　　　　　　発行者　小　田　　　徹
　　　　　　　印刷所　株式会社太平印刷社

〒160-8520　東京都新宿区南元町19
発　行　所　一般社団法人 金融財政事情研究会
　　　編集部　TEL 03(3355)2251　FAX 03(3357)7416
販　　売　株式会社きんざい
　　　販売受付　TEL 03(3358)2891　FAX 03(3358)0037
　　　　　　URL http://www.kinzai.jp/

・本書の内容の一部あるいは全部を無断で複写・複製・転訳載すること、および磁気または光記録媒体、コンピュータネットワーク上等へ入力することは、法律で認められた場合を除き、著作者および出版社の権利の侵害となります。
・落丁・乱丁本はお取替えいたします。定価はカバーに表示してあります。

ISBN978-4-322-12812-3